FACHBUCHREIHE
für wirtschaftliche Bildung

Wirtschafts-kompetenz

für die gewerblichen, hauswirtschaftlich-pflegerisch-sozialpädagogischen sowie landwirtschaftlichen Berufsschulen

Lernsituationen, 2. Ausbildungsjahr

4. Auflage

Lektorat: Jürgen Müller, 79112 Freiburg i. Br.

VERLAG EUROPA-LEHRMITTEL
Nourney, Vollmer GmbH & Co. KG
Düsselberger Straße 23
42781 Haan-Gruiten

Europa-Nr.: 47250

Mitarbeiter des Arbeitskreises

Felsch, Stefan, Oberstudienrat, Freiburg i. Br.
Frühbauer, Raimund, Oberstudiendirektor, Wangen i. A.
Krohn, Johannes, Oberstudienrat, Freiburg i. Br.
Kurtenbach, Stefan, Studiendirektor, Bad Saulgau
Metzler, Sabrina, Oberstudienrätin, Wangen i. A.
Müller, Jürgen, Studiendirektor, Freiburg i. Br.

Leitung des Arbeitskreises und Lektorat

Jürgen Müller, 79112 Freiburg i. Br.

Bildbearbeitung

Verlag Europa-Lehrmittel, 42781 Haan-Gruiten

Wichtiger Hinweis

In diesem Buch befinden sich Verweise / Links auf Internetseiten. Für die Inhalte auf diesen Seiten sind ausschließlich die Betreiber verantwortlich, weshalb eine Haftung ausgeschlossen ist. Für den Fall, dass Sie auf den angegebenen Internetseiten auf illegale und anstößige Inhalte treffen, bitten wir Sie, uns unter info@europa-lehrmittel.de davon in Kenntnis zu setzen, damit wir beim Nachdruck dieses Buches den entsprechenden Link entfernen können.

ISBN 978-3-7585-4145-2

4. Auflage 2022
Druck 5 4 3 2 1

Alle Drucke derselben Auflage sind parallel einsetzbar, da sie bis auf die Korrektur von Druckfehlern identisch sind.

Umschlag: tiff.any GmbH & Co. KG, Berlin
Umschlagfoto: hans engbers – fotolia.com
Layout/Satz: tiff.any GmbH & Co. KG, Berlin
Druck: Plump Druck & Medien GmbH, 53619 Rheinbreitbach

Vorwort

Die neu konzipierte Arbeitsbuchreihe **Wirtschaftskompetenz – Lernsituationen,** ist abgestimmt auf den **Bildungsplan Wirtschaftskompetenz für Baden-Württemberg**, der seit dem Schuljahr 2016 / 2017 gültig ist.

Die Lernsituationenbände sind **einsetzbar in allen Ausbildungsberufen der folgenden Berufsschulen:**
- **gewerbliche Berufsschulen**
- **hauswirtschaftlich-pflegerisch-sozialpädagogische Berufsschulen**
- **landwirtschaftliche Berufsschulen**

Die Reihe enthält die folgenden Bände:

- **Band 1 – Lernsituationen, 1. Ausbildungsjahr**
  Kompetenzbereich I: Die Rolle des Mitarbeiters in der Arbeitswelt aktiv ausüben
- **Band 2 – Lernsituationen, 2. Ausbildungsjahr**
  Kompetenzbereich II: Als Konsument rechtliche Bestimmungen in Alltagssituationen anwenden
- **Band 3 – Lernsituationen, 3. Ausbildungsjahr**
  Kompetenzbereich III: Wirtschaftliches Handeln in der Sozialen Marktwirtschaft beurteilen
  Kompetenzbereich IV: Entscheidungen im Rahmen einer beruflichen Selbstständigkeit treffen

Die Lernsituationen der drei Bände haben einen **einheitlichen Aufbau**:
- Ausgangssituation,
- Aufträge zur Bearbeitung,
- Datenkranz.

Jede **Lernsituation kann selbstständig mit dem umfassend vorhandenen Datenkranz bearbeitet werden.** Die Lernsituationen orientieren sich an **konkreten beruflichen Aufgabenstellungen, alltäglichen Konsumentenentscheidungen und Handlungsabläufen im Unternehmen**. Die Lernenden erlangen durch die individuelle und auch teamorientierte Bearbeitung der Lernsituationen umfassende Kompetenzen.

Jeder Lernsituationenband wird am Ende durch eine **Sammlung von methodischen Werkzeugen** ergänzt. Diese erleichtern die individuelle oder gruppenbezogene Problemlösung der Lernsituationen. Die Bücher der Reihe können **schulart- und lehrplanübergreifend in allen Ausbildungsberufen** eingesetzt werden, **in denen Wirtschafts- und Sozialkunde unterrichtet wird**.

Die Lernsituationenbände sind **abgestimmt auf die Inhalte des Informationsbandes Wirtschaft – Recht – Beruf** (Wirtschaftskunde für berufliche Schulen), der die Inhalte des Bildungsplanes unter fachsystematischen Gesichtspunkten darstellt. Um die jeweiligen Inhalte im Informationsband leichter zu finden, haben die einzelnen Lernsituationen dieses Lern- und Arbeitsbuches neben der Ausgangssituation einen **symbolischen Verweis** zu den jeweiligen zugeordneten Kapiteln im Informationsband. Der Informationsband ist unter der **Europanummer 77215** erhältlich. Kap 1.5

Ein **Lösungsbuch** zu den Lernsituationen ist im Verlagsprogramm erhältlich (**Europa-Nummer 47267**).

Ihr **Feedback** ist uns wichtig. Ihre Anmerkungen, Hinweise und Verbesserungsvorschläge zu diesem Buch nehmen wir gerne auf – schreiben Sie uns unter **lektorat@europa-lehrmittel.de**.

Die Verfasser **Rottenburg, Juli 2022**

Inhaltsverzeichnis

Band 2 – Lernsituationen, 2. Ausbildungsjahr

Kompetenzbereich II: Als Konsument rechtliche Bestimmungen in Alltagssituationen anwenden

Lernsituation		Seite	Zuordnung im Bildungsplan
1	**Einseitige und zweiseitige Rechtsgeschäfte**	6	Die Schüler und Schülerinnen erklären das Zustandekommen von ein- und zweiseitigen Rechtsgeschäften *(Willenserklärung)* im privaten Bereich.
2	**Rechts- und Geschäftsfähigkeit**	11	Hierbei erläutern sie die Rechts- und Geschäftsfähigkeit der Vertragspartner und begründen besondere Formvorschriften.
3	**Anfechtbarkeit und Nichtigkeit von Rechtsgeschäften**	18	Sie unterscheiden anfechtbare und nichtige Rechtsgeschäfte.
4	**Abschluss des Kaufvertrages**	23	Am Abschluss eines Kaufvertrages *(Antrag, Annahme, Bindung an das Angebot)* zeigen sie die Rechte und Pflichten der Vertragspartner auf.
5	**Rechte und Pflichten aus dem Kaufvertrag**	30	Am Abschluss eines Kaufvertrages *(Antrag, Annahme, Bindung an das Angebot)* zeigen sie die Rechte und Pflichten der Vertragspartner auf.
6	**Besitz und Eigentum**	33	Sie unterscheiden Besitz und Eigentum *(Eigentumsübertragung bei beweglichen Sachen, Eigentumsvorbehalt)*.
7	**Kaufvertragsstörungen – mangelhafte Lieferung**	38	Sie analysieren alltägliche Rechtsgeschäfte von Verbrauchern und prüfen das Vorliegen von Kaufvertragsstörungen *(Mangelhafte Lieferung, Zahlungsverzug)*. Unter Berücksichtigung der rechtlichen Rahmenbedingungen erläutern sie die Rechte von Käufer und Verkäufer.
8	**Kaufvertragsstörungen – Zahlungsverzug, regelmäßige Verjährung**	44	Sie analysieren alltägliche Rechtsgeschäfte von Verbrauchern und prüfen das Vorliegen von Kaufvertragsstörungen *(Mangelhafte Lieferung, Zahlungsverzug)*. Unter Berücksichtigung der rechtlichen Rahmenbedingungen erläutern sie die Rechte von Käufer und Verkäufer. Sie stellen die Bedingungen der regelmäßigen Verjährung dar.
9	**Verbraucherberatung und Fernabsatzgesetz**	49	Die Schülerinnen und Schüler stellen verschiedene Möglichkeiten der Verbraucherberatung *(Verbraucherschutzorganisationen, Publikationen)* dar. Sie wenden auf situationsbezogene Beispiele das Fernabsatzrecht an.
10	**Allgemeine Geschäftsbedingungen**	55	Sie erläutern die Bedeutung von Allgemeinen Geschäftsbedingungen und beschreiben in diesem Zusammenhang die gesetzlichen Regelungen *(Überraschungsklauseln, Verbot der Verkürzung gesetzlicher Fristen zur Sachmangelhaftung)*.
11	**Konditionen von Girokonten**	59	Die Schülerinnen und Schüler vergleichen Konditionen von Girokonten verschiedener Kreditinstitute.
12	**Formen des Zahlungsverkehrs – Barzahlung und Überweisung**	68	Die Schülerinnen und Schüler unterscheiden Formen des Zahlungsverkehrs *(Barzahlung, Überweisung, Bankkarte, Kreditkarte, elektronische Zahlungssysteme)* und begründen situationsabhängig eine geeignete Zahlungsform.

13	**Formen des Zahlungsverkehrs – Bankkarte, Kreditkarte und elektronische Zahlungssysteme**	**77**	Die Schülerinnen und Schüler unterscheiden Formen des Zahlungsverkehrs *(Barzahlung, Überweisung, Bankkarte, Kreditkarte, elektronische Zahlungssysteme)* und begründen situationsabhängig eine geeignete Zahlungsform.
14	**Anlageformen im Hinblick auf Liquidität, Rentabilität und Sicherheit**	**89**	Des Weiteren vergleichen die Schülerinnen und Schüler unterschiedliche Anlageformen *(Termingeld, Aktienfonds)* im Hinblick auf Liquidität, Rentabilität und Sicherheit.
15	**Kreditwürdigkeit, Form und Inhalt von Verbraucherdarlehen**	**95**	Sie arbeiten die Voraussetzungen für Verbraucherdarlehen hinsichtlich Kreditwürdigkeit, Form, Inhalt heraus.
16	**Sicherheiten (Sicherungsübereignung, Bürgschaft, Lohnabtretung)**	**103**	Sie arbeiten die Voraussetzungen für Verbraucherdarlehen hinsichtlich Sicherheiten *(Sicherungsübereignung, Bürgschaft, Lohnabtretung)* heraus.
17	**Gefahren der eigenen Überschuldung**	**108**	Darauf aufbauend beurteilen sie die Gefahr der eigenen Überschuldung und entwickeln Perspektiven bei akuter Schuldensituation *(Haushaltsplan, Schuldnerberatung, Verbraucherinsolvenz)*.

Methoden		Seite
▸ M1	Brainstorming – Kartenabfrage	**120**
▸ M2	E-Mail erstellen	**121**
▸ M3	Gruppen-/Teamarbeit	**122**
▸ M4	Diskutieren	**123**
▸ M5	Gruppenpuzzle/Partnerpuzzle	**124**
▸ M6	Mindmapping	**125**
▸ M7	Placemat-Activity	**126**
▸ M8	Plakat gestalten	**127**
▸ M9	Präsentieren	**128**
▸ M10	Protokoll erstellen	**129**
▸ M11	Rollenspiel	**130**
▸ M12	Schaubild interpretieren	**131**
▸ M13	Strukturlegen	**132**
▸ M14	Einen Text erschließen	**133**
▸ M15	Veranschaulichen mit Strukturbildern	**134**
▸ M16	Galeriegang – jeder präsentiert	**135**
▸ M17	Stationenlernen (Lernzirkel)	**136**

Kap 2.1.3

Lernsituation 1

Einseitige und zweiseitige Rechtsgeschäfte

Die 18-jährige Hannah Schmitt kommt aus Offenburg und macht eine Ausbildung zur Milchwirtschaftlichen Laborantin. Roland Burgstaller aus Aalen ist Auszubildender der Milchtechnologie. Beide gehen in Wangen im Allgäu zur Berufsschule und treffen sich dort regelmäßig für einige Wochen zum Blockunterricht. Da Roland am kommenden Samstag 18 Jahre alt wird, wollen die beiden nach Steibis zum Skifahren und abends dann in der Nähe von Oberstaufen den Geburtstag in einer Hütte feiern.

Die Klassenkameraden bringen Getränke und Verpflegung mit. Das soll Roland als Geschenk erhalten. Die Hütte konnte ein Klassenkamerad vermitteln, der in Oberstaufen wohnt. Roland schlägt also vor, dass Hannah sich um den Mietvertrag für die Hütte kümmert. Roland möchte noch bei Sport-Haschko vorbeischauen, da er Geld angespart hat, um sich hier im Allgäu eine neue Skiausrüstung (Skier, Skischuhe und Skiklamotten) zu kaufen. Sein Geburtstag und die gemeinsame Skiausfahrt sei die beste Gelegenheit, dies in die Tat umzusetzen.

Da die beiden alles während einer Gruppenarbeitsphase im Wirtschaftskompetenzunterricht besprechen, bekommt ihr Wirtschaftskompetenzlehrer das Vorhaben mit. Er gibt zu bedenken, ob die beiden denn sicher seien, dass sie diese Rechtsgeschäfte überhaupt durchführen dürften. Seine Bemerkung macht die beiden nachdenklich.

Der Wirtschaftskompetenzlehrer schlägt vor, dass er ihnen und der Klasse Material zur Verfügung stellen wolle und man gemeinsam die Frage klären könne.

AUFTRÄGE

1 Bearbeiten Sie die folgenden Fragen in Partnerarbeit. Verwenden Sie dazu ▸D1 des Datenkranzes. Beantworten Sie zunächst folgende Fragen.

1 1 Wodurch kommen Rechtsgeschäfte zustande?

____

1 2 Welche Auswirkung haben Rechtsgeschäfte für die betroffenen Personen?

____

1 3 Welche Arten von Rechtsgeschäften werden unterschieden?

- ______________
- ______________

1 4 Wie kommen diese beiden Arten jeweils zustande?

______________ | ______________

______________ | ______________

______________ | ______________

1 5 Wie nennt man Willenserklärungen, die erst wirksam werden, wenn sie beim Empfänger eingegangen sind?

____

1 6 Wie nennt man Willenserklärungen, die schon mit der Erklärung wirksam werden?

____

1 7 Wie nennt man ein Rechtsgeschäft,

- bei dem keine Gegenleistung gefordert ist?
- bei dem neben der Leistung auch eine Gegenleistung gefordert ist?

____

2 Setzen Sie gemeinsam mit Ihrem Partner die im Folgenden fett gedruckten Beispiele für Rechtsgeschäfte in die richtigen Felder des Schaubildes in ▶D1 und begründen Sie jeweils Ihrem Partner die Entscheidung (Mehrfachnennungen sind möglich).

> Abschluss eines **Kaufvertrages**; **Kündigung** eines Mobilfunkvertrages; **Bestellen eines Getränkes** in der Kneipe; **Schenkung** einer Armbanduhr; Abschluss eines **Mietvertrages; Testament**; Kredit**bürgschaft** für die Tochter; **Widerruf** einer Onlinebestellung; Abschluss eines **Ausbildungsvertrages**; **Besteigen einer Straßenbahn**; drei Geschäftspartner schließen zur Gründung eines Unternehmens einen **Gesellschaftsvertrag**.

3 Lesen Sie jeweils allein den Text in ▶D2 zu den Formvorschriften für Rechtsgeschäfte. Beantworten Sie die folgenden Fragen und vergleichen Sie mit Ihrem Partner.

3 1 Was gilt grundsätzlich für das Zustandekommen eines Rechtsgeschäfts? Erläutern Sie den Grundsatz.

____

____

____

3 2 Wie wird begründet, dass es für bestimmte Geschäfte Vorschriften dafür gibt, in welcher Form sie erklärt werden müssen?

____

____

____

____

4 Lesen Sie die Gesetzesauszüge in ▶D3 mit den Beispielen für Rechtsgeschäfte, für die bestimmte Rechtsvorschriften gelten. Ergänzen Sie dann mit Ihrem Partner das folgende Schaubild, das die Ergebnisse zusammenfasst. (Vergleichen Sie mit einem Partner-Duo Ihrer Wahl.)

Formvorschriften für Rechtsgeschäfte

Grundsätzlich gilt: ______________________________

d. h., ______________________________

____

Für besondere Fälle gelten folgende Formvorschriften

______________ ______________ Erklärung: ______________ ______________ ______________	______________ ______________ Erklärung: ______________ ______________ ______________	______________ ______________ Erklärung: ______________ ______________ ______________ ______________
Beispiele: ______________ ______________ ______________	Beispiele: ______________ ______________ ______________	Beispiele: ______________ ______________ ______________

5 Roland und Hannah sind erleichtert. Die Rechtsgeschäfte, die in der Ausgangssituation erwähnt werden, scheinen alle ausführbar zu sein. Helfen Sie den beiden. Welche Rechtsgeschäfte sind dies, und welche Form ist vorgeschrieben bzw. empfehlenswert?

Rechtsgeschäft	Form (vorgeschrieben oder empfehlenswert)

DATENKRANZ

D1 Rechtsgeschäfte, Willenserklärung

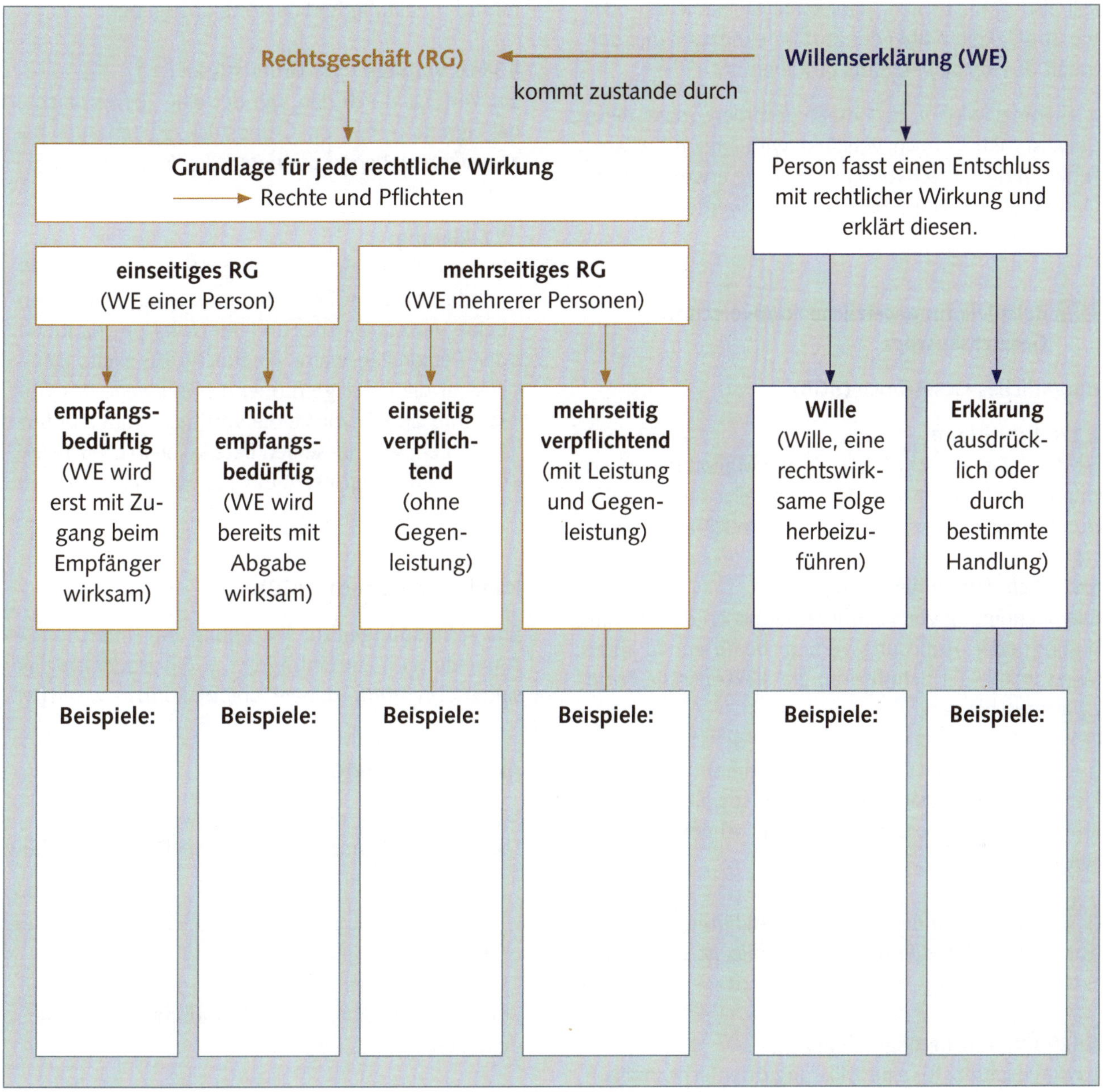

D2 Wird für ein Rechtsgeschäft eine bestimmte Form vorgeschrieben?

Grundsätzlich kann jedes Rechtsgeschäft (jeder Vertrag) mündlich geschlossen werden; es besteht vom Gesetz keine bestimmte Vorschrift. Das nennt man **Formfreiheit**.

Aber es besteht insoweit eine gewisse Gefahr, dass etwas, was man »so dahersagt«, später eine sehr große rechtliche Bedeutung erlangt. Zum Schutz der Handelnden schreibt das Gesetz **für manche Geschäfte** gewisse Formen vor (**Formvorschriften**).

Der **Handelnde soll** davor **gewarnt werden**, die Tragweite seines Tuns zu gering einzuschätzen. Dadurch, dass das Gesetz eine bestimmte Form verlangt, wird der Abschließende gewarnt. Allein das Fordern der schriftlichen Form dürfte auch einem juristischen Laien deutlich machen, dass er dabei ist, etwas Bedeutsames zu tun.

Häufig ist es aber auch hilfreich, später **beweisen zu können**, welchen Inhalt das Rechtsgeschäft, z. B. der Vertrag, hat. Eine bestimmte Form (z. B. Schriftform) soll also dafür sorgen, dass keine Unklarheiten oder gar Streitigkeiten über das Zustandekommen und den Inhalt des Rechtsgeschäfts bestehen.

Manchmal wird vom Gesetz gefordert, dass diese Beweisfunktion noch verstärkt wird und die Warnfunktion durch sachkundige Beratung erweitert wird. Dann muss ein Notar hinzugezogen werden.

D3 Beispiele für gesetzliche Formvorschriften Gesetzesauszüge

Bürgerliches Gesetzbuch (BGB)

§ 126 Schriftform
Ist durch Gesetz schriftliche Form vorgeschrieben, so muss die Urkunde von dem Aussteller eigenhändig durch Namensunterschrift [...] unterzeichnet werden.

§ 623 Schriftform der Kündigung
Die Beendigung von Arbeitsverhältnissen durch Kündigung oder Auflösungsvertrag bedürfen zu ihrer Wirksamkeit der Schriftform; die elektronische Form ist ausgeschlossen.

§ 492 Schriftform (Verbraucherdarlehen)
Verbraucherdarlehensverträge sind, soweit nicht eine strengere Form vorgeschrieben ist, schriftlich abzuschließen.

§ 766 Schriftform der Bürgschaftserklärung
Zur Gültigkeit des Bürgschaftsvertrags ist schriftliche Erteilung der Bürgschaftserklärung erforderlich.

§ 129 Öffentliche Beglaubigung
Ist durch Gesetz für eine Erklärung öffentliche Beglaubigung vorgeschrieben, so muss die Erklärung schriftlich abgefasst und die Unterschrift des Erklärenden von einem Notar beglaubigt[1)] werden.

> [1)] **Erklärung:**
> Beglaubigen heißt, der Notar bestätigt, dass die Unterschrift von einer bestimmten Person stammt und die unterzeichnende Person ihre Unterschrift vor dem Notar geleistet hat.

§ 77 Anmeldepflichtige und Form der Anmeldungen
Die Anmeldungen zum Vereinsregister sind von Mitgliedern des Vorstands (des Vereins) [...] mittels öffentlich beglaubigter Erklärung abzugeben.

§ 311b Verträge über Grundstücke [...]
Ein Vertrag, durch den sich der eine Teil verpflichtet, das Eigentum an einem Grundstück zu übertragen oder zu erwerben, bedarf der notariellen Beurkundung.[2)]

> [2)] **Erklärung:**
> Der durchführende Notar bereitet die Vertragsurkunde vor. Zum Beurkundungstermin erscheinen beide Vertragspartner und der Notar prüft anhand der Personalausweise die Rechtmäßigkeit. Dann klärt er die Beteiligten über die Tragweite des Geschäftes auf. Bevor sie die Vertragsurkunde unterschreiben, wird diese den Beteiligten in allen Teilen vom Notar vorgelesen, danach wird sie mit einem Siegel versehen.

Handelsgesetzbuch (HGB)

§ 12 Anmeldungen zur Eintragung und Einreichungen
Anmeldungen zur Eintragung in das Handelsregister sind [...] in öffentlich beglaubigter Form einzureichen.

Aktiengesetz (AktG)

§ 23 Feststellung der Satzung
Die Satzung[3)] muss durch notarielle Beurkundung festgestellt werden.

> [3)] **Erklärung:**
> Satzung = Gesellschaftsvertrag, d. h. Vertrag, mit dem die Gesellschafter die Gründung einer AG vereinbaren.

AUSGANGSSITUATION

Kap 2.1.1

Lernsituation **2**

Rechts- und Geschäftsfähigkeit

Hannah, Roland und ihre Klassenkameraden in der Milchwirtschaftsklasse in Wangen kennen sich nun mit Rechtsgeschäften aus. Sie wissen, welche Rechtsgeschäfte es gibt und welche Formvorschriften zu beachten sind. Jetzt geht es aber noch darum, ob sie auch zum Abschluss der Geschäfte berechtigt sind; ob sie die Pflichten und Rechte, die sich daraus ergeben, auch wahrnehmen dürfen.

Der Wirtschaftskompetenzlehrer fasst nochmals zusammen: Es geht um eine Schenkung der Klasse an Roland, einen Mietvertrag, den Hannah schließen soll und um Rolands Kaufvertrag für die neue Skiausrüstung. Er schlägt vor, zuerst zu klären, welche Voraussetzungen zu erfüllen sind, damit jemand Rechte und Pflichten übernehmen kann. Um in einem zweiten Schritt zu klären, ob bei der Übernahme von Rechten und Pflichten Einschränkungen zu beachten sind.

Der Wirtschaftskompetenzlehrer stellt wieder die notwendigen Materialien zur Verfügung: Beispielfälle und einen Auszug aus dem Bürgerlichen Gesetzbuch (BGB), welches solche Fragen regelt.

AUFTRÄGE

1 Bearbeiten Sie folgende Fälle in Partner- oder Gruppenarbeit. Sie finden die zugehörigen Paragrafen des BGB in ▸D1. Sie benötigen §§ 1, 21, 22, 90a und 1923 des BGB.

Fall	Lösungsvorschlag mit Begründung
Eine ältere Dame verfügte in ihrem Testament, dass von ihrem Vermögen ihre zwei Enkelkinder Johannes (8 Jahre alt) und Lia (3 Jahre alt) je 20.000 EUR erhalten sollen.	
Des Weiteren verfügt sie, dass ihr drittes, noch ungeborenes Enkelkind ebenfalls 20.000 EUR erhalten soll.	
Weitere 10.000 EUR aus ihrem Vermögen vermacht die alte Dame laut ihrem Testament dem örtlichen Flüchtlingshilfeverein e. V.	
Ihr langjähriger Weggefährte, der Dackel Wastel, soll ebenfalls 10.000 EUR aus dem Erbe erhalten.	

▸

Fall	Lösungsvorschlag mit Begründung
Die EKW-Treuhand GmbH kauft ein Grundstück in einem Gewerbegebiet, um dort ein neues Bürogebäude zu bauen.	

2 Vergleichen Sie Ihre Ergebnisse aus Auftrag 1 mit einer anderen Gruppe.

3 Die folgende Strukturskizze fasst die Ergebnisse zusammen. Ergänzen Sie diese mit den Begriffen und Beispielen, die Sie in ▸D2 finden.

Rechtsfähigkeit

ist die Fähigkeit von Personen, Träger von __________ und __________ zu sein.

Beispiele für Rechte:		Beispiele für Pflichten:
▪ ______ ▪ ______ ▪ ______		▪ ______ ▪ ______ ▪ ______
______ (alle Menschen)	← **Personen** → (Rechtssubjekte)	______ (geschaffene Rechtspersönlichkeiten)
______ ______	**Beginn** der Rechtsfähigkeit	______ ______
______ ______	**Ende** der Rechtsfähigkeit	______ ______
		Beispiele: ▪ ______ ______ ▪ ______ ______

4 Lösen Sie nun in der Gruppe oder mit Ihrem Partner die folgenden Fälle. Hierfür benötigen Sie die §§ 104–110 BGB in ▶D1.

Fall	Lösungsvorschlag mit Begründung
Der sechsjährige Max schlachtet sein Sparschwein und kauft ein Computerspiel. Die Eltern verlangen vom Verkäufer den Kaufpreis zurück, gegen Rückgabe der CD.	
Die ebenfalls sechsjährige Silva muss im Auftrag der Mutter Brot einkaufen. Vom Wechselgeld kauft sie sich ein Eis. Die Mutter stürmt zornentbrannt in die Bäckerei und verlangt das Geld zurück.	
Die siebzehnjährige Marion hat die häusliche Gemeinschaft mit ihren Eltern satt. Sie mietet sich daher ein Zimmer in einer WG.	
Die sechzehnjährige Lena kauft von ihrem Taschengeld eine Perücke für 25 EUR. Der Vater findet, dass sie unmöglich aussieht und will, dass sie die Perücke zurückgibt. Der Verkäufer weigert sich.	

▶

Fall	Lösungsvorschlag mit Begründung
Der achtzehnjährige Schüler Sandro kauft sich ohne Wissen seiner Eltern einen gebrauchten Motorroller für 1.200 EUR.	
Die fast achtzehnjährige Birgit möchte mit ihrem neunzehnjährigen Freund Swen eine Urlaubsreise machen. Sie buchen im Reisebüro eine Pauschalreise nach Sardinien für 499 EUR. Birgit leistet bei Vertragsunterzeichnung eine Anzahlung von 400 EUR, die sie für diesen Zweck von Ihrer Oma erhalten hatte. Sie vereinbart, den Rest in 3 Wochen zu zahlen, dann würde sie zu ihrem Geburtstag Geldgeschenke erhalten. Die Eltern wollen nicht, dass ihre Tochter mit Swen in Urlaub fährt und verlangen vom Reisebüro die Stornierung. Der Reisebüroleiter will dafür eine Rücktrittsgebühr in Höhe von 120 EUR.	
Herr Kümmelmann hatte im Lotto sechs Richtige. In seiner Freude verteilt er von seinem Gewinn an wildfremde Personen 200-Euro-Scheine. Seine Familie sagt, er sei übergeschnappt und verlangt das Geld von den Beschenkten zurück.	

5 In ▸D3 finden Sie Begriffe und Beispiele, mit deren Hilfe Sie für Hannah, Roland und ihre Klassenkameraden eine Struktur legen können, welche das Thema Geschäftsfähigkeit zusammenfasst. Verwenden Sie die Methode »Strukturlegen« (▸M13, Seite 132).

DATENKRANZ

D1 Auszüge aus dem Bürgerlichen Gesetzbuch (BGB)

§ 1 Beginn der Rechtsfähigkeit
Die Rechtsfähigkeit des Menschen beginnt mit der Vollendung der Geburt.

§ 2 Eintritt der Volljährigkeit
Die Volljährigkeit tritt mit Vollendung des 18. Lebensjahres ein.

§ 21 Nicht wirtschaftlicher Verein
Ein Verein, dessen Zweck nicht auf einen wirtschaftlichen Geschäftsbetrieb gerichtet ist, erlangt Rechtsfähigkeit durch Eintragung in das Vereinsregister des zuständigen Amtsgerichts.

§ 22 Wirtschaftlicher Verein
Ein Verein, dessen Zweck auf einen wirtschaftlichen Geschäftsbetrieb gerichtet ist, erlangt [...] Rechtsfähigkeit durch staatliche Verleihung.[1]

[1] **Erklärung:**
Eine staatliche Verleihung ist z. B. die Eintragung einer Aktiengesellschaft ins Handelsregister.

§ 90 Begriff der Sache
Sachen im Sinne des Gesetzes sind nur körperliche Gegenstände.

§ 90a Tiere
Tiere sind keine Sachen. Sie werden durch besondere Gesetze geschützt. Auf sie sind die für Sachen geltenden Vorschriften entsprechend anzuwenden, [...].

§ 104 Geschäftsunfähigkeit
Geschäftsunfähig ist:

1. wer nicht das siebente Lebensjahr vollendet hat;
2. wer sich in einem die freie Willensbestimmung ausschließenden Zustande krankhafter Störung der Geistestätigkeit befindet, sofern nicht der Zustand seiner Natur nach ein vorübergehender ist.

§ 105 Nichtigkeitsgründe bei Willenserklärungen
(1) Die Willenserklärung eines Geschäftsunfähigen ist nichtig.
(2) Nichtig ist auch eine Willenserklärung, die im Zustande der Bewusstlosigkeit oder vorübergehender Störung der Geistestätigkeit abgegeben wird.

§ 106 Beschränkte Geschäftsfähigkeit Minderjähriger
Ein Minderjähriger, der das siebente Lebensjahr vollendet hat, ist [...] in der Geschäftsfähigkeit beschränkt.

§ 107 Einwilligung bei Minderjährigen
Der Minderjährige bedarf zu einer Willenserklärung, durch die er nicht lediglich einen rechtlichen Vorteil erlangt, der Einwilligung seines gesetzlichen Vertreters.

§ 108 Wirksamkeit von Verträgen ohne Einwilligung
Schließt der Minderjährige einen Vertrag ohne die erforderliche Einwilligung des gesetzlichen Vertreters, so hängt die Wirksamkeit des Vertrags von der Genehmigung des Vertreters ab. [...]

§ 109 Widerrufsrecht des Vertragspartners
(1) Bis zur Genehmigung des Vertrags ist der andere Teil zum Widerrufe berechtigt. Der Widerruf kann auch dem Minderjährigen gegenüber erklärt werden.

§ 110 Bewirken der Leistung mit eigenen Mitteln (»Taschengeldparagraf«)
Ein von dem Minderjährigen ohne Zustimmung des gesetzlichen Vertreters geschlossener Vertrag gilt als von Anfang an wirksam, wenn der Minderjährige die vertragsmäßige Leistung mit Mitteln bewirkt, die ihm zu diesem Zwecke oder zu freier Verfügung von dem Vertreter oder mit dessen Zustimmung von einem Dritten überlassen worden sind.

§ 1923 Erbfähigkeit
(1) Erbe kann nur werden, wer zur Zeit des Erbfalls lebt.
(2) Wer zur Zeit des Erbfalls noch nicht lebte, aber bereits gezeugt war, gilt als vor dem Erbfall geboren.

D2 Rechtsfähigkeit: Fachbegriffe und Beispiele

Rechten	juristische Personen	Verträge schließen
mit Löschung aus dem öffentlichen Register	Pflichten	mit der Geburt
Eigentum erwerben	Steuern zahlen	Aktiengesellschaft
(Eintragung oder Löschung im Handelsregister)	mit dem Tod	natürliche Person
(Eintragung oder Löschung im Vereinsregister)	Eigentum anderer respektieren	mit Eintragung in ein öffentliches Register
Schulpflicht	Verein	Sachen verschenken

D3 Begriffe zur Bearbeitung des Auftrages 5

Geschäftsfähigkeit

- § 2 BGB
- § 104 BGB
- § 106 BGB
- § 107 BGB
- § 108 BGB
- § 110 BGB
- > 18 Jahre
- 7 Jahre < = Alter < 18 Jahre
- < 7 Jahre
- minderjährig

- Rechtsgeschäft ist nichtig
- Rechtsgeschäft ist voll wirksam
- schwebend unwirksam
- voll gültig
- unwirksam (nichtig)
- voll gültig
- mit Einwilligung
- ohne Einwilligung
- volljährig

- **beschränkte Geschäftsfähigkeit**
- **volle Geschäftsfähigkeit**
- **Geschäftsunfähigkeit**
- Rechtswirkung ist unterschiedlich
- dauernd geisteskrank
- Genehmigung wird nicht erteilt
- Genehmigung wird erteilt

Ausnahme: Taschengeldparagraf

ist die Fähigkeit, Rechtsgeschäfte wirksam abschließen zu dürfen.

AUSGANGSSITUATION

Kap 2.1.5

Lernsituation 3

Anfechtbarkeit und Nichtigkeit von Rechtsgeschäften

Hagen Faust konnte im Laufe des ersten Ausbildungsjahres als Milchlaborant ein wenig Geld ansparen und möchte sich nun für die Fahrten zur Berufsschule ein eigenes Auto anschaffen. Hagen hat einen scheinbaren Freund namens Fabian, der ihm schon lange sein altes Auto verkaufen möchte. Hagen hätte schon Interesse, aber den verlangten Preis findet er doch ein wenig übertrieben. Da Fabian jedoch dringend dieses Geld braucht, erpresst er Hagen damit, dass er seinem Ausbilder erzählen werde, dass er das letzte Mal gar nicht krank gewesen sei, sondern sich nur vom Wochenende erholen musste. So bleibt Hagen nichts anderes übrig, als dass er den Kaufvertrag unterschreibt.

AUFTRÄGE

1 1 Erläutern Sie mithilfe Ihres Vorwissens aus den letzten Unterrichtsstunden, ob hier ein Rechtsgeschäft zustande kam.

Kaufvertrag hin oder her, Hagen kann einfach nicht glauben, dass dies rechtens sein kann. Helfen Sie ihm, wieder aus dem Kaufvertrag herauszukommen.

1 2 Erläutern Sie mithilfe der Gesetze in ▸D1 welche Möglichkeit es für Hagen gibt, wieder aus dem Kaufvertrag herauszukommen. Beschreiben Sie auch die rechtliche Folge/Wirkung und nennen Sie die Frist, welche er hier einhalten muss.

1 3 Vervollständigen Sie die Übersicht zu den Gründen für die Anfechtbarkeit von Willenserklärungen und Rechtsgeschäften (**ohne Beispiele**, siehe Auftrag 3, Seite 20).

Gründe für die Anfechtbarkeit von Rechtsgeschäften	
§ 119 BGB Definition:	**§ 123 BGB** Definition: Beispiel:

Arten des Irrtums

Inhaltsirrtum	**Erklärungsirrtum**	**Übermittlungsirrtum**
§ 119 BGB Definition: Beispiel:	**§ 119 BGB** Definition: Beispiel:	**§ 120 BGB** Definition: Beispiel:

Merke: Kein Anfechtungsgrund bei Motivirrtum.

Beispiel: ____________________

2 1 Wie würden Sie die Situation bewerten, wenn Fabian Hagen nicht bedroht hätte, sondern ihn im Zustand von großer Betrunkenheit dazu gebracht hätte, den Kaufvertrag zu unterschreiben?

____

____

____

2 2 Vervollständigen Sie die Übersicht zu den Gründen für die Nichtigkeit von Willenserklärungen und Rechtsgeschäften (**ohne Beispiele**, siehe Auftrag 3).

Gründe für die Nichtigkeit von Willenserklärungen und Rechtsgeschäften			
§ 104 BGB:	**§§ 134 u. 138 BGB:**	**§ 125 BGB:**	**§§ 117 u. 118 BGB:**
Beispiel:	Beispiel:	Beispiel:	Beispiel:
Beispiel:	Beispiel:		Beispiel:

3 Ordnen Sie die folgenden Willenserklärungen und Rechtsgeschäfte als Beispiele in die Übersichten aus den Aufträgen 1.3 (Anfechtbarkeit) und 2.2 (Nichtigkeit) ein.
Ordnen Sie auch die Fälle aus den Aufträgen 1.1 und 2.1 ein.

3 1 Die Oma von Hagen möchte ihre wertvolle Kette auf einem Kunstmarkt verkaufen, da sie ihn finanziell beim Autokauf unterstützen möchte. Auf das Preisschild schreibt die Oma 100 EUR. Ein Kunde will die Kette für 100 EUR kaufen. Da bemerkt die Oma, dass sie eigentlich 1.000 EUR für die Kette verlangen wollte.

3 2 Um noch mehr Geld zu erhalten, verkauft Hagen seine Münzsammlung an Frau Braun. Nach einem Monat kommt diese aber zu Hagen und will ihr Geld zurück, da der Sammlerwert der Münzen um die Hälfte gesunken sei.

3 3 Auch die kleine Schwester von Hagen, Talea (5 Jahre), möchte ihren Bruder unterstützen und verkauft ihr Fahrrad an ein Mädchen aus der Nachbarschaft.

3 4 In einem Autohaus entdeckt Hagen sein Traumauto, leider ohne Preisschild. Er fragt den Auszubildenden nach dem Preis. Dieser muss jedoch erst bei seinem Chef nachfragen. Sein Chef nennt ihm die Summe von 35.000 EUR. Der Auszubildende hat ihn falsch verstanden und nennt Hagen einen Preis von 3.500 EUR.

3 5 Hagen überlegt sich, ob er nicht vielleicht zusätzlich einen Kredit aufnehmen sollte, um sich sein wirkliches Traumauto kaufen zu können. Da er aber noch Azubi ist, will ihm keine Bank einen Kredit geben. Sein Nachbar bietet ihm ein Darlehen für 36 % Zinsen pro Jahr an.

3 6 Ein stadtbekannter Kleinkrimineller bietet Hagen ein Auto günstig zum Kauf an. Das Auto ist jedoch gestohlen.

3 7 Um Hagen ein wenig aufzumuntern, sagt sein Freund Enes im Scherz zu ihm: »Wenn du gar nichts findest, verkaufe ich dir mein Auto für 1 EUR.«

3 8 Nachdem Hagen kein passendes Auto gefunden hat, kauft er ein Motorrad. Er dachte, dass er dieses auch mit dem normalen Autoführerschein fahren dürfe.

3 9 Der Vater von Hagen möchte ein Grundstück kaufen. Um Geld zu sparen, verzichtet er auf einen Notar und schließt den Grundstückskaufvertrag mündlich ab.

3 10 Der Vater von Hagen möchte ein Grundstück kaufen. Um Geld zu sparen, lässt er beim Notar in den Kaufvertrag nicht den tatsächlich vereinbarten Kaufpreis von 300.000 EUR eintragen, sondern nur 200.000 EUR. Dadurch will er die Grunderwerbsteuer vermindern.

4 Erklären Sie Hagen den Unterschied in der Rechtsfolge zwischen Anfechtbarkeit und Nichtigkeit.

Anfechtbarkeit	Nichtigkeit

DATENKRANZ

D1 Auszug aus dem Bürgerlichen Gesetzbuch

§ 104 Geschäftsunfähigkeit
Geschäftsunfähig ist:
1. wer nicht das siebente Lebensjahr vollendet hat,
2. wer sich in einem die freie Willensbestimmung ausschließenden Zustand krankhafter Störung der Geistestätigkeit befindet, sofern nicht der Zustand seiner Natur nach ein vorübergehender ist.

§ 105 Nichtigkeit der Willenserklärung
(1) Die Willenserklärung eines Geschäftsunfähigen ist nichtig.
(2) Nichtig ist auch eine Willenserklärung, die im Zustand der Bewusstlosigkeit oder vorübergehender Störung der Geistestätigkeit abgegeben wird.

§ 117 Scheingeschäft
(1) Wird eine Willenserklärung, die einem anderen gegenüber abzugeben ist, mit dessen Einverständnis nur zum Schein abgegeben, so ist sie nichtig.

(2) Wird durch ein Scheingeschäft ein anderes Rechtsgeschäft verdeckt, so finden die für das verdeckte Rechtsgeschäft geltenden Vorschriften Anwendung.

§ 118 Mangel der Ernstlichkeit
Eine nicht ernstlich gemeinte Willenserklärung, die in der Erwartung abgegeben wird, der Mangel der Ernstlichkeit werde nicht verkannt werden, ist nichtig.

§ 119 Anfechtbarkeit wegen Irrtums
(1) Wer bei der Abgabe einer Willenserklärung über deren Inhalt im Irrtum war oder eine Erklärung dieses Inhalts überhaupt nicht abgeben wollte, kann die Erklärung anfechten, wenn anzunehmen ist, dass er sie bei Kenntnis der Sachlage und bei verständiger Würdigung des Falles nicht abgegeben haben würde.
(2) Als Irrtum über den Inhalt der Erklärung gilt auch der Irrtum über solche Eigenschaften der Person oder der Sache, die im Verkehr als wesentlich angesehen werden.

§ 120 Anfechtbarkeit wegen falscher Übermittlung
Eine Willenserklärung, welche durch die zur Übermittlung verwendete Person oder Einrichtung unrichtig übermittelt worden ist, kann unter der gleichen Voraussetzung angefochten werden wie nach § 119 eine irrtümlich abgegebene Willenserklärung.

§ 121 Anfechtungsfrist
(1) Die Anfechtung muss in den Fällen der §§ 119, 120 ohne schuldhaftes Zögern (unverzüglich) erfolgen, nachdem der Anfechtungsberechtigte von dem Anfechtungsgrund Kenntnis erlangt hat. Die einem Abwesenden gegenüber erfolgte Anfechtung gilt als rechtzeitig erfolgt, wenn die Anfechtungserklärung unverzüglich abgesendet worden ist.
(2) Die Anfechtung ist ausgeschlossen, wenn seit der Abgabe der Willenserklärung zehn Jahre verstrichen sind.

§ 123 Anfechtbarkeit wegen Täuschung oder Drohung
(1) Wer zur Abgabe einer Willenserklärung durch arglistige Täuschung oder widerrechtlich durch Drohung bestimmt worden ist, kann die Erklärung anfechten.
(2) Hat ein Dritter die Täuschung verübt, so ist eine Erklärung, die einem anderen gegenüber abzugeben war, nur dann anfechtbar, wenn dieser die Täuschung kannte oder kennen musste. Soweit ein anderer als derjenige, welchem gegenüber die Erklärung abzugeben war, aus der Erklärung unmittelbar ein Recht erworben hat, ist die Erklärung ihm gegenüber anfechtbar, wenn er die Täuschung kannte oder kennen musste.

§ 124 Anfechtungsfrist
(1) Die Anfechtung einer nach § 123 anfechtbaren Willenserklärung kann nur binnen Jahresfrist erfolgen.
(2) Die Frist beginnt im Falle der arglistigen Täuschung mit dem Zeitpunkt, in welchem der Anfechtungsberechtigte die Täuschung entdeckt, im Falle der Drohung mit dem Zeitpunkt, in welchem die Zwangslage aufhört. Auf den Lauf der Frist finden die für die Verjährung geltenden Vorschriften der §§ 206, 210 und 211 entsprechende Anwendung.
(3) Die Anfechtung ist ausgeschlossen, wenn seit der Abgabe der Willenserklärung zehn Jahre verstrichen sind.

§ 125 Nichtigkeit wegen Formmangels
Ein Rechtsgeschäft, welches der durch Gesetz vorgeschriebenen Form ermangelt, ist nichtig. Der Mangel der durch Rechtsgeschäft bestimmten Form hat im Zweifel gleichfalls Nichtigkeit zur Folge.

§ 134 Gesetzliches Verbot
Ein Rechtsgeschäft, das gegen ein gesetzliches Verbot verstößt, ist nichtig, wenn sich nicht aus dem Gesetz ein anderes ergibt.

§ 138 Sittenwidriges Rechtsgeschäft; Wucher
(1) Ein Rechtsgeschäft, das gegen die guten Sitten verstößt, ist nichtig.
(2) Nichtig ist insbesondere ein Rechtsgeschäft, durch das jemand unter Ausbeutung der Zwangslage, der Unerfahrenheit, des Mangels an Urteilsvermögen oder der erheblichen Willensschwäche eines anderen sich oder einem Dritten für eine Leistung Vermögensvorteile versprechen oder gewähren lässt, die in einem auffälligen Missverhältnis zu der Leistung stehen.

§ 142 Wirkung der Anfechtung
(1) Wird ein anfechtbares Rechtsgeschäft angefochten, so ist es als von Anfang an nichtig anzusehen.
(2) Wer die Anfechtbarkeit kannte oder kennen musste, wird, wenn die Anfechtung erfolgt, so behandelt, wie wenn er die Nichtigkeit des Rechtsgeschäfts gekannt hätte oder hätte kennen müssen.

Kap 2.2.1

Lernsituation **4**

Abschluss des Kaufvertrages

Michael Gruber macht seine Ausbildung zum Anlagenmechaniker für Sanitär-, Heizungs- und Klimatechnik bei der »Braun & Müller Heizung/Sanitär KG« in Münsingen. Michael ist zurzeit im Büro des Geschäftsführers Hubert Braun eingesetzt und soll ihn im Tagesgeschäft unterstützen.

Als Michael den PC im Büro hochfährt, erhält er folgende E-Mail von Herrn Braun:

Gesendet: Montag, 20. Februar 20.. 05:41 Uhr
Von: **H.Braun@bm-sanitaer.de**
An: **M.Gruber@bm-sanitaer.de**
Betreff: **Fwd: Angebot Waschbecken inklusive Installation**

Hallo Michael,

ich habe heute den ganzen Tag Kundentermine. Du musst für mich im Büro die Stellung halten ;-). Checke bitte ab und zu meine Mailbox. Die Zugangsdaten findest Du im Schreibtisch, oberstes Fach.

Ich hatte unserer Kundin Karin Schneider am vergangenen Donnerstag ein Angebot für ein neues Waschbecken inklusive Montage gemacht. Die Kundin wollte sich heute melden. Hake bitte nach, ich habe Dir die Mail vom Donnerstag weitergeleitet.

Viel Erfolg und bis morgen,
Hubert Braun

------------------- die weitergeleitete Nachricht folgt -------------------------

Gesendet: Donnerstag, 16. Februar 20.. 09:35 Uhr
Von: **H.Braun@bm-sanitaer.de**
An: **karin.schneider@box.de**
Betreff: **Angebot Waschbecken inklusive Installation**

Sehr geehrte Frau Schneider,

für Ihr neues Waschbecken in Ihrem Bad unterbreiten wir Ihnen folgendes Angebot:

- 1 Aqua Keramik Aufsatzwaschtisch
- Anfahrt, Montage und Rücknahme altes Waschbecken

Wir können Ihnen als langjähriger Kundin einen Komplettpreis von 298,00 € inklusive Umsatzsteuer anbieten.

Über eine positive Antwort würde ich mich freuen und verbleibe

mit freundlichen Grüßen
Hubert Braun

Michael hat gerade noch Zeit für einen Kaffee, dann öffnet er die Mailbox vom Chef. Es sind bereits zwei E-Mails angekommen:

E-Mail 1:

Gesendet: Montag, 20. Februar 20.. 08:45 Uhr
Von: **karin.schneider@box.de**
An: **H.Braun@bm-sanitaer.de**
Betreff: **Re: Angebot Waschbecken inklusive Installation**

Guten Morgen Herr Braun,

ich danke Ihnen für Ihr Angebot und bin damit einverstanden. Bitte rufen Sie mich in den nächsten Tagen an, um einen Termin für die Lieferung und Montage zu vereinbaren.

Mit freundlichen Grüßen
Karin Schneider

E-Mail 2:

Gesendet: Montag, 20. Februar 20.. 08:47 Uhr
Von: **Karl.Ullmann@postbox.de**
An: **H.Braun@bm-sanitaer.de**
Betreff: **Bestellung: Duschkabinen »Maranello«**

Sehr geehrter Herr Braun,

vielen Dank für die Zusendung Ihres Angebotes zu den Badartikeln, das Sie mir vor drei Tagen gesendet haben. Sie bieten dort Folgendes an: „Duschkabine der Marke „Maranello" zum Sonderpreis von 499,00 Euro einschließlich Umsatzsteuer, Lieferung frei Haus, solange der Vorrat reicht."

Da sich so eine Kabine in meinem Bad ganz gut machen würde, bestelle ich hiermit 1 Duschkabine Maranello zum Sonderpreis. Den Einbau übernehme ich selbst. Bitte informieren Sie mich schnellstmöglich über einen möglichen Liefertermin.

Mit freundlichen Grüßen
Karl Ullmann

Michael überlegt, ob im Falle des Waschbeckens bereits ein Kaufvertrag zustande gekommen ist.
Auch bei der Bestellung der Duschkabine ist er sich unsicher, wie er reagieren soll.

AUFTRÄGE

1 Erstellen Sie eine Übersicht der konkreten Vertragssituation »Waschbecken« zwischen der Kundin Schneider und der »Braun & Müller Heizung/Sanitär KG«. Ordnen Sie die korrekten Fachbegriffe der Situation zu und entscheiden Sie, ob ein Kaufvertrag zustande gekommen ist (▸D1 und ▸D2).

Vertragssituation »Waschbecken«

2 Erstellen Sie eine weitere Übersicht der konkreten Vertragssituation »Duschkabine« zwischen Herrn Ullmann und der »Braun & Müller Heizung/Sanitär KG«. Entscheiden Sie, ob hier bereits ein Kaufvertrag zustande gekommen ist (▸D1 und ▸D2).

Vertragssituation »Duschkabine«

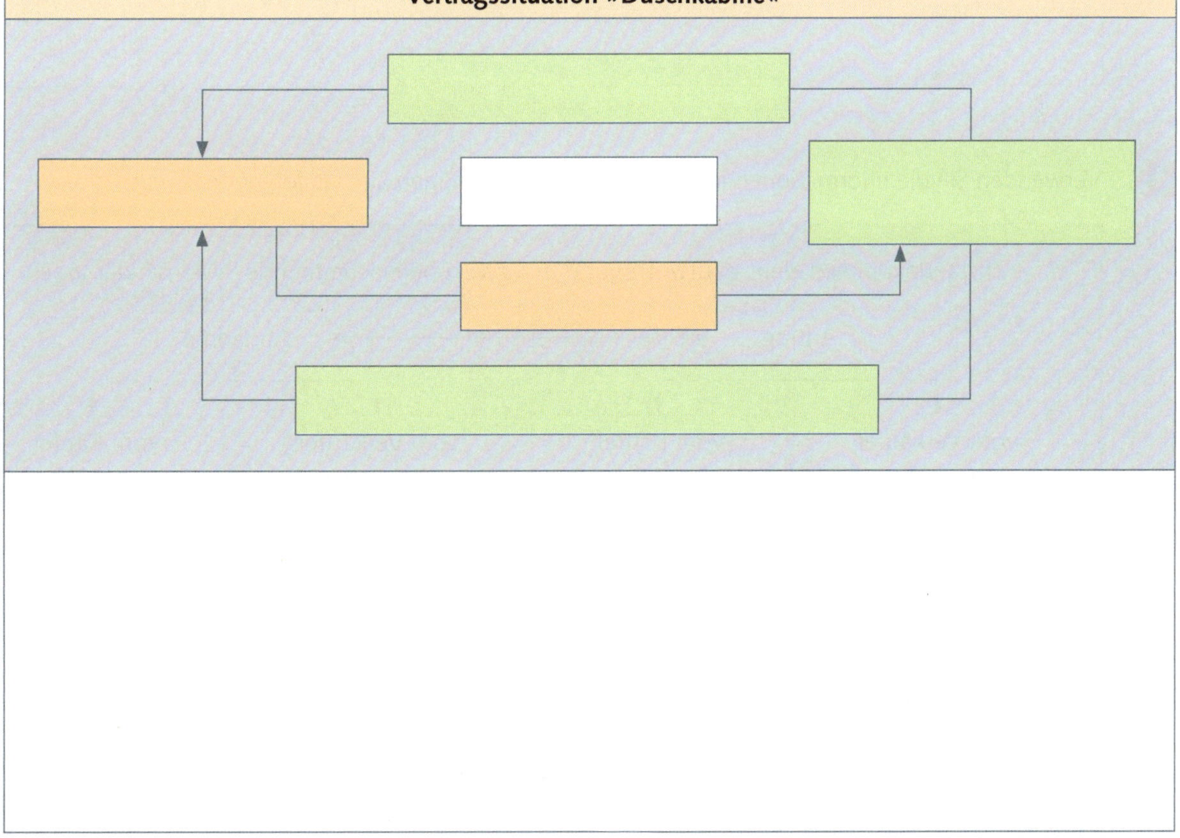

3 Geschäftsführer Braun ruft Michael Gruber an:

Braun: Hallo Michael. Ich habe die E-Mail von Herrn Ullmann gelesen, deshalb rufe ich an. Wir haben keine Duschkabinen der Marke »Maranello« mehr im Lager. Vor zwei Tagen habe ich die letzten verkauft. Die Nachbestellung läuft bereits, aber es muss eine Preisanpassung auf 550,00 EUR brutto erfolgen, da sich der Einkaufspreis erhöht hat. Mache Dir mal Gedanken, was wir dem Kunden antworten können. Okay?

Gruber: Alles klar Chef. Ich entwerfe eine E-Mail und sende sie Ihnen zu.

Sie nutzen Ihre Ergebnisse aus Auftrag 2 sowie die Informationen aus ▸D1 und ▸D2 und entwerfen eine Antwortmail an Herrn Ullmann (▸M2, Seite 121).

Von: M.Gruber@bm-sanitaer.de
An: H.Braun@bm-sanitaer.de
Betreff:

4 Verwenden Sie die Informationen aus ▸D2 und vervollständigen Sie das folgende Schaubild.

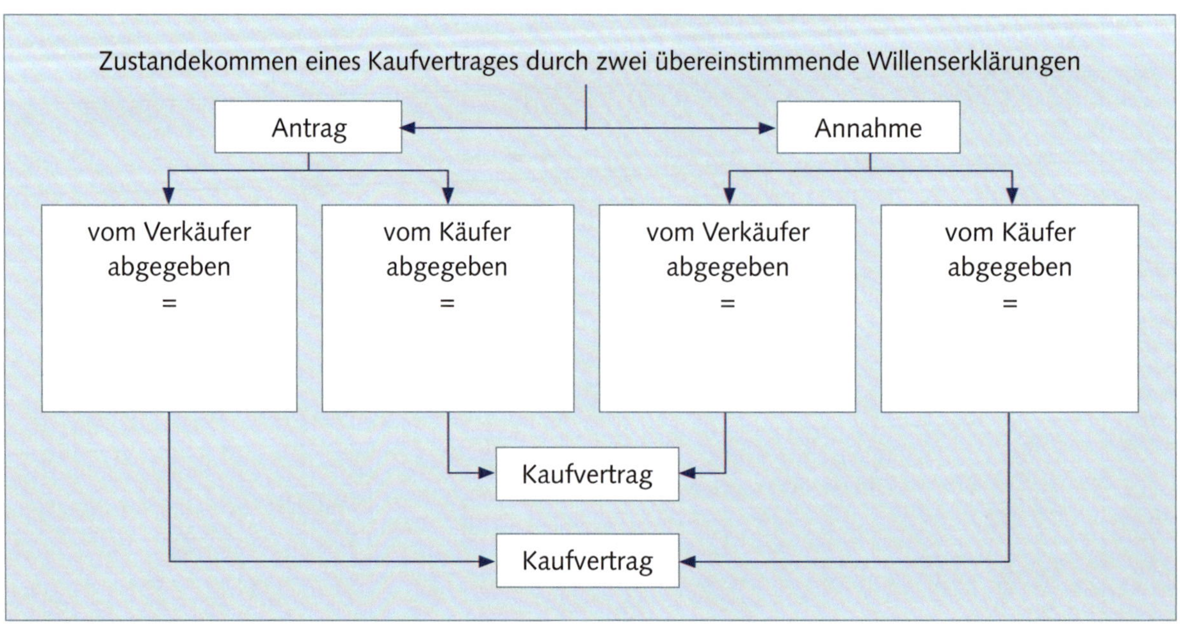

5 Ordnen Sie die folgenden Situationen den rechtlichen Grundbegriffen des Kaufvertragsrechtes (▶D2) zu:

Situation 1:	**Rechtlicher Grundbegriff**

Situation 2:	**Rechtlicher Grundbegriff**
Sehr geehrter Herr Schmidt, wir danken Ihnen für Ihren Auftrag zur Wartung Ihrer Gastherme und werden Ihrem Wunsch entsprechend am kommenden Freitag die Arbeiten in Ihrem Haus vornehmen …	
Situation 3:	**Rechtlicher Grundbegriff**
Sehr geehrte Frau Reiners, wir bieten Ihnen das Waschbecken Terrazzo für 175 € an, solange der Vorrat reicht …	
Situation 4:	**Rechtlicher Grundbegriff**
Sehr geehrter Herr Thanner, wir bieten Ihnen das Waschbecken Terrazzo für 175 € an … Viele Grüße Dieter Haller Haller Sanitär KG	
Situation 5:	**Rechtlicher Grundbegriff**
Sehr geehrter Herr Haller, vielen Dank für Ihre E-Mail. Ich möchte gerne das Waschbecken Terrazzo zu den genannten Konditionen kaufen. Viele Grüße Peter Thanner	
Situation 6:	**Rechtlicher Grundbegriff**
Sehr geehrte Damen und Herren, aufgrund Ihrer Werbeanzeige in der Zeitung möchte ich gerne die neue Duscharmatur »Fontäne de Luxe« zum Preis von 120 € kaufen.	

DATENKRANZ

D1 Abschluss von Kaufverträgen

Kaufverträge kommen durch zwei übereinstimmende Willenserklärungen von Verkäufer und Käufer zustande. Dabei gibt es verschiedene Möglichkeiten:

- Der Verkäufer macht ein Angebot, der Käufer bestellt.

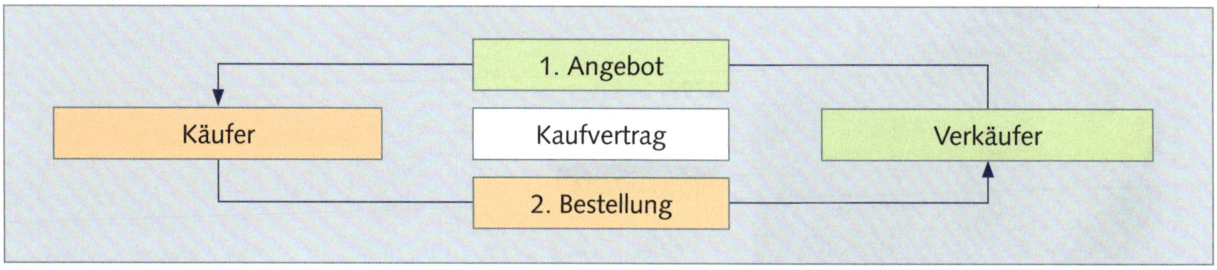

- Der Verkäufer macht ein Angebot, der Käufer bestellt zu spät oder mit Änderungen. Dadurch macht der Käufer eine neue Bestellung. Der Kaufvertrag kommt erst durch die Annahme des Käufers zustande.

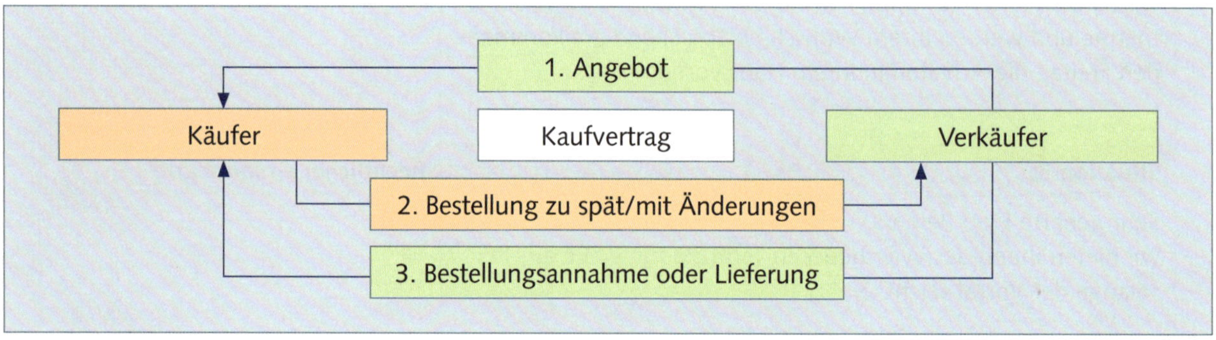

- Der Verkäufer macht ein unverbindliches Angebot, z. B. in einer Werbeanzeige. Der Käufer bestellt. Der Kaufvertrag kommt zustande, wenn der Verkäufer den Auftrag bestätigt oder sofort liefert.

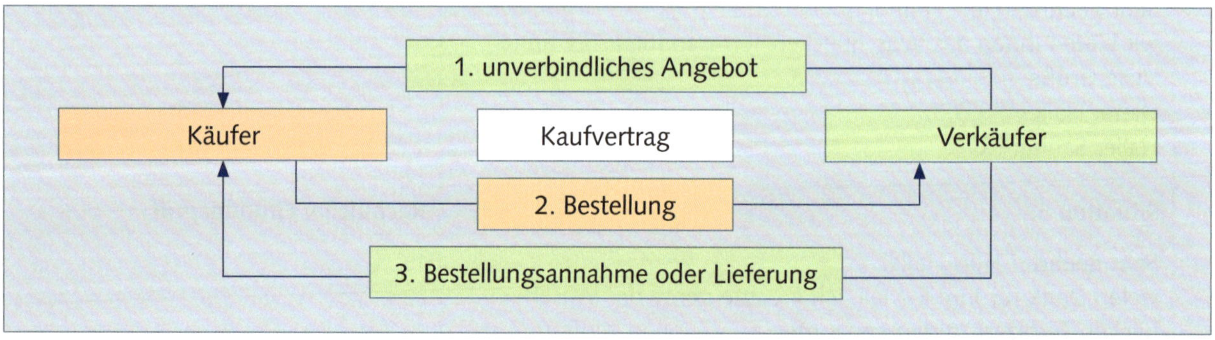

- Der Käufer bestellt, der Verkäufer nimmt die Bestellung an, indem er die Bestellung bestätigt oder sofort liefert.

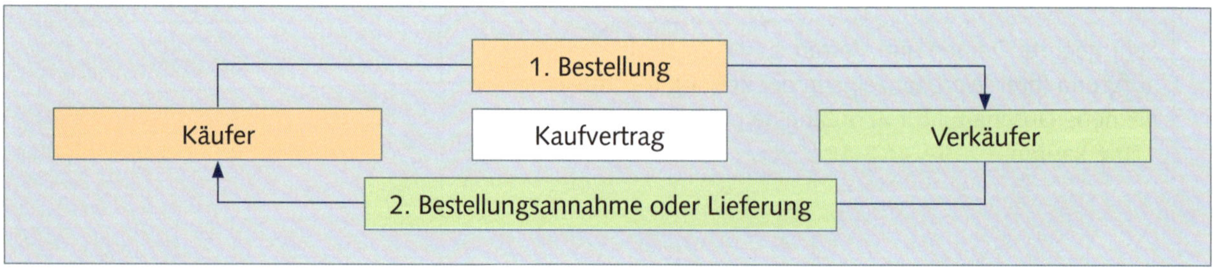

- Der Käufer bestellt. Der Verkäufer lehnt die Bestellung ab und macht ein Gegenangebot. Der Käufer bestellt zu den Bedingungen des Gegenangebotes.

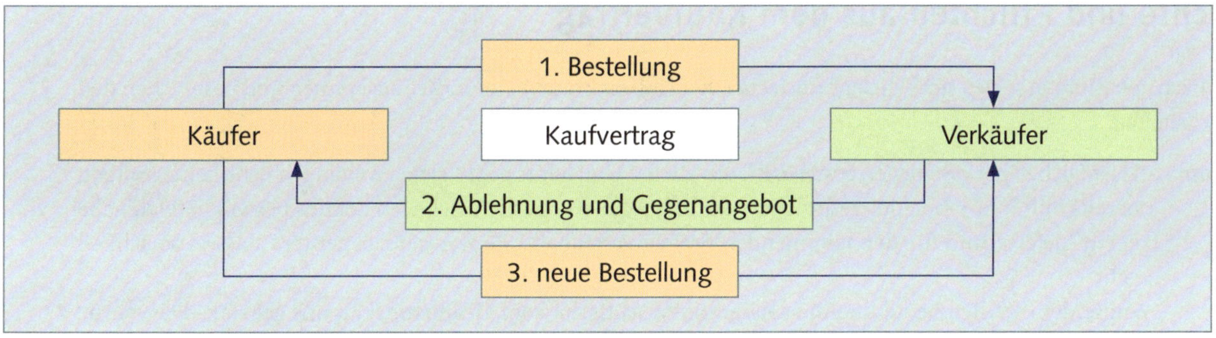

D2 Grundbegriffe zum Zustandekommen von Kaufverträgen

Anfrage	Die Anfrage dient dazu, verschiedene **Informationen**, z. B. über Produkte, Dienstleistungen, Liefer- oder Zahlungsbedingungen mehrerer Anbieter **zu erhalten**. Mit einer Anfrage wird **keine rechtliche Verpflichtung** eingegangen, Anfragen sind immer **unverbindlich**.
Anpreisung	Die **Anpreisung ist kein Angebot** im rechtlichen Sinne. Hierzu zählen z. B.: - Auslagen im Schaufenster, - Werbeanzeigen in der Zeitung oder im Internet, - Preislisten oder Kataloge. Die Anpreisung richtet sich nicht an konkrete Personen, sondern stellt eine **Aufforderung** an Interessierte dar, **eine Bestellung (Antrag) abzugeben.**
Antrag	Der **Antrag** ist die **zuerst abgegebene Willenserklärung.**
Annahme	Die **Annahme** ist die **Willenserklärung, die einem Antrag folgt.**
Angebot	Das **Angebot** ist der **Antrag eines Verkäufers an einen Käufer**, einen Kaufvertrag abzuschließen.
Bestellung	Die **Bestellung** kann **Antrag** *oder* **Annahme** sein. - Der Käufer kann z. B. Ware bei einem Verkäufer bestellen **(Antrag)**. - Der Käufer kann dem Angebot eines Verkäufers zustimmen und Ware bestellen **(Annahme)**.
Bestellungsannahme	Die **Bestellungsannahme** ist die **Zustimmung des Verkäufers an den Käufer.** Er ist mit der Bestellung des Käufers einverstanden und **liefert die Ware** oder sendet eine **Auftragsbestätigung.**
Bindung an den Antrag	Der **Verkäufer ist grundsätzlich** an den **Antrag gebunden,** er kann ihn durch **Freizeichnungsklauseln** jedoch **einschränken.** - Unter **Anwesenden** (auch per Telefon) **muss** ein **Antrag sofort angenommen werden.** - Unter **Abwesenden** besteht eine Bindungsfrist nur so lange, wie ein Verkäufer unter normalen Umständen mit einer Bestellung rechnen kann. In der Praxis wird ein Verkäufer seine Bindung durch Freizeichnungsklauseln einschränken.
Freizeichnungsklauseln	Der Verkäufer kann die **Bindung** durch **Freizeichnungsklauseln einschränken oder** auch ganz **ausschließen.** Beispiele: - Das Ihnen vorliegende Angebot ist unverbindlich. - Solange der Vorrat reicht. - Das Angebot ist gültig bis zum 31.12.20.. - Zwischenverkauf vorbehalten

AUSGANGSSITUATION

Kap 2.2.1 Kap 2.2.2

Lernsituation 5

Rechte und Pflichten aus dem Kaufvertrag

Am nächsten Morgen setzen sich Michael und sein Chef Hubert Braun beim Kaffee zusammen und besprechen den gestrigen Tag:

Braun: Hast Dich ja gut geschlagen gestern. Klasse Micha! Und heute geht's gleich weiter. Ich habe heute morgen bereits mit Frau Schneider gesprochen, die den Aqua Keramik Waschtisch bei uns bestellt hat. Ich habe einen Liefertermin für den kommenden Freitag vereinbart. Sie war ganz begeistert, dass es so schnell geht.
Außerdem werden heute die Aqua Keramik Waschtische vom Großhandel an uns geliefert. Das wurde mir telefonisch zugesagt. Wir hatten 20 Stück bestellt, zum Einkaufspreis von 90 EUR netto pro Stück. Wir haben es hier also mit zwei Verträgen zu tun, einmal sind wir Verkäufer, einmal Käufer. Ich überlasse Dir die Verantwortung für die weitere Abwicklung. Was würdest du jetzt tun?

Michael: Hmm, na ja, bei Frau Schneider müssen wir den Waschtisch liefern und montieren. Die Waschtische liefert uns der Großhändler – hoffentlich liefert der auch heute.

Braun: Ja, das ist schon mal ne gute Überlegung. Wir müssen einerseits was leisten, bekommen aber auch etwas von Frau Schneider. So ähnlich ist es auch beim Vertrag mit dem Großhändler über die Lieferung der 20 Waschtische.
Mach Dir mal grundsätzlich Gedanken über die Pflichten, die wir aus den beiden Verträgen haben und dem, was wir aufgrund der Verträge von Frau Schneider bzw. dem Großhändler erhalten.

Michael: Mache ich, Chef.

AUFTRÄGE

1 Helfen Sie Michael und erstellen Sie gemeinsam mit Ihrem Nachbarn eine Tabelle über die Rechte und Pflichten aus dem Kaufvertrag und präsentieren Sie Ihre Tabelle vor der Klasse. Nutzen Sie hierzu die Informationen aus ▸D1.

Pflichten des Käufers = Rechte des Verkäufers	Pflichten des Verkäufers = Rechte des Käufers

2 Verwenden Sie Ihre Tabelle und entscheiden Sie für die beiden Kaufverträge aus der Ausgangssituation,
- wer jeweils Verkäufer bzw. Käufer ist, und
- welche Verpflichtungen diese jeweils haben.

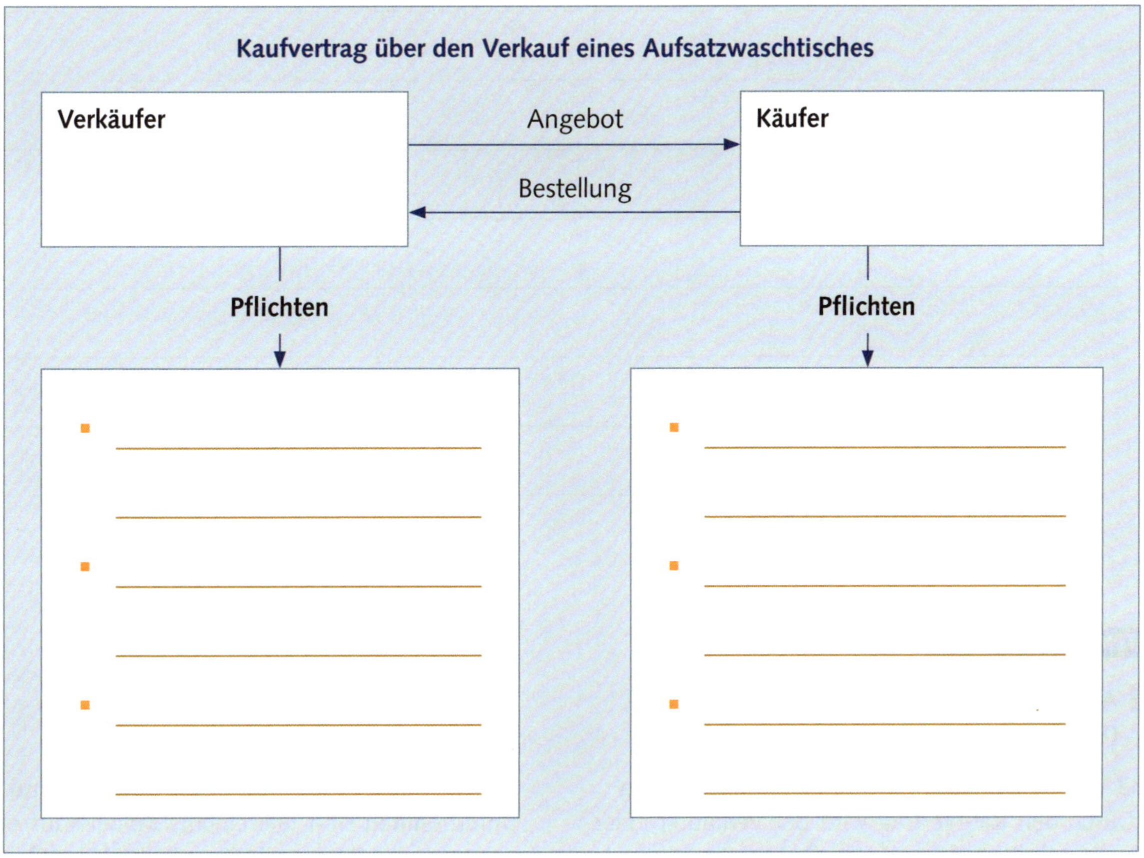

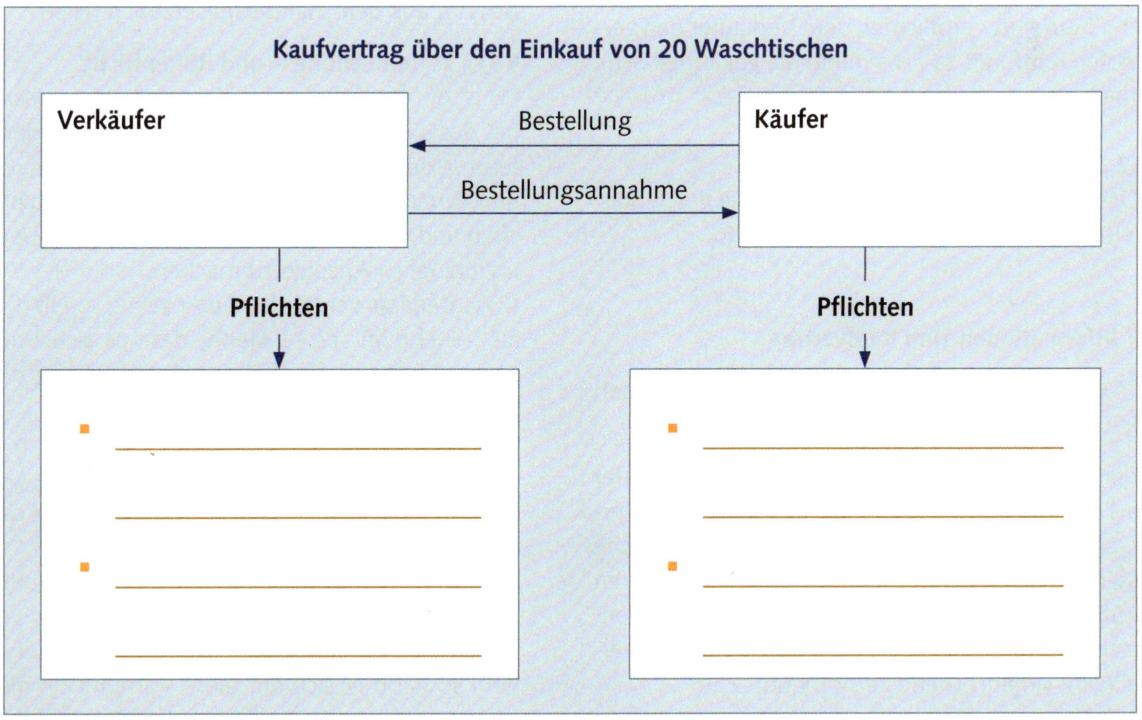

3 Hubert Braun weist Michael darauf hin, dass er den Wareneingang der 20 Waschtische kontrollieren muss. Prüfen und begründen Sie mithilfe des Gesetzes (▸D2), warum Herr Braun darauf großen Wert legt.

DATENKRANZ

D1 Auszüge aus dem Bürgerlichen Gesetzbuch (BGB)

§ 433 Vertragstypische Pflichten beim Kaufvertrag

(1) Durch den Kaufvertrag wird der Verkäufer einer Sache verpflichtet, dem Käufer die Sache zu übergeben und das Eigentum an der Sache zu verschaffen. Der Verkäufer hat dem Käufer die Sache frei von Sach- und Rechtsmängeln zu verschaffen.

(2) Der Käufer ist verpflichtet, dem Verkäufer den vereinbarten Kaufpreis zu zahlen und die gekaufte Sache abzunehmen.

§ 362 Erlöschen durch Leistung

(1) Das Schuldverhältnis erlischt, wenn die geschuldete Leistung an den Gläubiger bewirkt wird.

D2 Informationen zum Kaufvertrag

Die Vertragspartner bei Kaufverträgen nennt man Verkäufer und Käufer.

Ist der **Verkäufer ein Unternehmen** und der **Käufer eine Privatperson,** bezeichnet man diesen Kaufvertrag als **Verbrauchsgüterkauf**. Die gekaufte Sache muss innerhalb der Gewährleistungsfrist von 2 Jahren geprüft und Mängel müssen angezeigt werden, danach sind die Ansprüche des Käufers auf mangelfreie Ware verjährt (siehe Lernsituation 7).

Ein **Handelskauf** liegt vor, wenn **Verkäufer und Käufer Unternehmen** sind. Bei einem Handelskauf ergeben sich folgende **Prüf- und Rügepflichten aus dem Handelsgesetzbuch (HGB):**

Auszug aus dem Handelsgesetzbuch (HGB)

§ 377 Untersuchungs- und Rügepflicht

(1) Ist der Kauf für beide Teile ein Handelsgeschäft, so hat der Käufer die Ware unverzüglich nach der Ablieferung durch den Verkäufer, soweit dies nach ordnungsmäßigem Geschäftsgang tunlich ist, zu untersuchen und, wenn sich ein Mangel zeigt, dem Verkäufer unverzüglich Anzeige zu machen.

(2) Unterlässt der Käufer die Anzeige, so gilt die Ware als genehmigt, es sei denn, dass es sich um einen Mangel handelt, der bei der Untersuchung nicht erkennbar war.

(3) Zeigt sich später ein solcher Mangel, so muss die Anzeige unverzüglich nach der Entdeckung gemacht werden; anderenfalls gilt die Ware auch in Ansehung dieses Mangels als genehmigt.

(4) Zur Erhaltung der Rechte des Käufers genügt die rechtzeitige Absendung der Anzeige.

(5) Hat der Verkäufer den Mangel arglistig verschwiegen, so kann er sich auf diese Vorschriften nicht berufen.

AUSGANGSSITUATION

Lernsituation 6

Kap 2.2.3

Besitz und Eigentum

Michael sitzt nach Feierabend mit seinem Kumpel Erkan im Caféhaus. Beide genießen ihr Feierabend-Pils. Michael schaut auf Erkans Mountainbike, das vor dem Café abgestellt ist.

Michael: Hast ja ein cooles Bike. Knallgelb, das fällt auf. Fährt es so gut, wie es aussieht?

Erkan: Ja, Mann.

Michael: Ich überlege gerade, ob ich mir ein Mountainbike kaufen soll. Damit wäre ich schneller bei der Arbeit und auch schneller beim Sport, überhaupt schneller als mit dem Bus. Aber die Räder sind ganz schön teuer.

Erkan: Gute Fahrräder kosten eben auch gutes Geld. Ich mache Dir einen Vorschlag. Ich bin übers Wochenende nicht da, bin in Hamburg beim Feiern. Ich leihe Dir mein Fahrrad, dann kannst Du es mal ausprobieren.

Michael: Das würdest Du machen, mir Dein Fahrrad geben? Super, ich werde auch gut drauf aufpassen, als wäre es mein eigenes.

Erkan: Weiß ich doch, sonst würde ich das nicht machen. Dann sehen wir uns am Freitag zur Übergabe. Es wird Dir Spaß machen, aber denk dran, es bleibt meins. Ich verkaufe es nicht.

Als Michael nach Hause läuft, überlegt er: Klar, dass ihm das Fahrrad nicht gehört, aber er hat es ja bald für das Wochenende zum Fahren. An den Berufsschulunterricht erinnert er sich dunkel, da wurde irgendwie unterschieden zwischen Besitzer und Eigentümer. Ist schon lange her, denkt er sich – gibt es da wirklich Unterschiede?

AUFTRÄGE

1 Erstellen Sie für Michael eine Übersicht zu den beiden Rechtsbegriffen Besitz und Eigentum. Nutzen Sie hierzu die Informationen aus ▶D1. Ihre Übersicht sollte folgende Elemente beinhalten:

- Unterschiede zwischen Besitz und Eigentum sowie Rechte und Pflichten des Eigentümers,
- Darstellung, wie Eigentum übertragen werden kann.

Besitz und Eigentum

Besitz (§ 854 BGB) =	**Eigentum (§ 903 BGB) =**
↓	↓
Was darf der Besitzer?	**Was darf der Eigentümer?**
Wie wird man Besitzer?	**Wie wird man Eigentümer?**

▶

! Eigentümer und Besitzer können eine Person sein:

Beispiel: ______________________________

____

! Eigentümer und Besitzer können verschiedene Personen sein:

Beispiel: ______________________________

____

Eigentumsübertragung

bewegliche Sachen	Verkäufer	Käufer
Gegenstand ist beim Verkäufer: Michael kauft Erkans Fahrrad.		
Gegenstand ist bei einem Dritten: Michael kauft Erkans Fahrrad. Das befindet sich gerade bei einem anderen Freund von Erkan.		
Gegenstand ist beim Käufer: Michael kauft Erkans Fahrrad. Das Fahrrad ist bereits bei Michael.		
Verkäufer bleibt Besitzer: Michael kauft Erkans Fahrrad. Sie vereinbaren, dass das Fahrrad nachts in Erkans Keller bleibt, weil es dort sicher aufbewahrt ist.		

2 Im Internet entdeckt Michael einige Mountainbikes, die ihm sehr günstig vorkommen. Er befürchtet, dass die gestohlen sein könnten. Andererseits: Wenn er das Fahrrad kauft und bezahlt, ohne zu wissen, dass es gestohlen wurde, gehört es dennoch ihm. Begründen Sie mithilfe des Gesetzes (▸D1), ob Michael an einem gestohlenen Fahrrad Eigentum erwerben kann.

3 Michaels Kumpel Sven hat bei Fahrrad-Müller ein Rad für 599,00 EUR gekauft. Das Rad wurde unter Eigentumsvorbehalt geliefert und wurde von Sven noch nicht bezahlt. Sven verkauft Michael das Fahrrad für 500,00 EUR. Dieser bezahlt bar und radelt davon. Begründen Sie mithilfe des Gesetzes (▸D1 und ▸D2),

- wer vor dem Verkauf des Fahrrades an Michael Eigentümer und wer Besitzer des Fahrrades war,
- wer nach dem Verkauf des Fahrrades an Michael Besitzer ist,
- ob Michael Eigentümer des Fahrrades geworden ist.

DATENKRANZ

D1 Auszüge aus dem Bürgerlichen Gesetzbuch (BGB)

§ 854 Erwerb des Besitzes

(1) Der Besitz einer Sache wird durch die Erlangung der tatsächlichen Gewalt über die Sache erworben.

Erklärung:
Der Besitzer hat die Sache, z. B. ein Fahrrad, eine Uhr etc. und nutzt sie. Die Sache kann ihm gehören oder auch nicht, denn er kann die Sache z. B. gemietet oder gestohlen haben. Auch der Dieb kann Besitzer sein.

§ 903 Befugnisse des Eigentümers

Der Eigentümer einer Sache kann, soweit nicht das Gesetz oder Rechte Dritter entgegenstehen, mit der Sache nach Belieben verfahren und andere von jeder Einwirkung ausschließen. Der Eigentümer eines Tieres hat bei der Ausübung seiner Befugnisse die besonderen Vorschriften zum Schutz der Tiere zu beachten.

Erklärung:
Dem Eigentümer gehört die Sache. Es ist jedoch nicht alles erlaubt. Er kann z. B. sein Auto verkaufen, vermieten, verschenken oder ordentlich Beulen reintreten – völlig egal, es gehört ihm ja. Er darf jedoch nicht machen, was er will: Er darf z. B. mit seinem Auto nicht den Gartenzaun des Nachbarn umfahren, nur weil er dem »eins auswischen« will. Denn damit würde er das Eigentum des Nachbarn (Gartenzaun) beschädigen.

BEACHTE:
Besitzer und Eigentümer können dieselbe Person oder verschiedene Personen sein. (Beispiel: Michael telefoniert mit seinem Smartphone, er ist Eigentümer und Besitzer. Gibt er seinem Freund Sven das Smartphone zum Telefonieren, so ist Sven Besitzer, Michael bleibt aber Eigentümer des Smartphones.)

§ 929 Einigung und Übergabe

Zur Übertragung des Eigentums an einer beweglichen Sache ist erforderlich, dass der Eigentümer die Sache dem Erwerber übergibt und beide darüber einig sind, dass das Eigentum übergehen soll. Ist der Erwerber im Besitz der Sache, so genügt die Einigung über den Übergang des Eigentums.

Erklärung:
Wenn jemand etwas gehört, kann man es z. B. auch verkaufen oder verschenken. Damit wechselt der Eigentümer.

Beispiel:
Emre will sein altes Mofa an seinen Bruder Karim verschenken. Emre und Karim müssen sich einigen, d. h., beide müssen einverstanden sein, dass Karim neuer Eigentümer wird und Emre sein Eigentum aufgibt. Dann muss Emre das Mofa seinem Bruder noch übergeben.

§ 930 Besitzkonstitut

Ist der Eigentümer im Besitz der Sache, so kann die Übergabe dadurch ersetzt werden, dass zwischen ihm und dem Erwerber ein Rechtsverhältnis vereinbart wird, vermöge dessen der Erwerber den mittelbaren Besitz erlangt.

Erklärung:
Normalerweise ist beim Eigentümerwechsel die Übergabe der Sache vom alten an den neuen Eigentümer notwendig. Es gibt aber auch die Möglichkeit, dass der Verkäufer Besitzer bleibt.

Beispiel:
Emre verschenkt sein altes Auto an seine Schwester Aische. Sie einigen sich und Aische steht als neue Eigentümerin im Kfz-Brief. Gleichzeitig vereinbaren sie, dass das Auto in Emres Garage bleibt, weil Aische keinen eigenen Stellplatz hat. Aische ist Eigentümerin und Emre ist dann Besitzer des Autos, wenn es in seiner Garage parkt.

§ 931 Abtretung des Herausgabeanspruchs

Ist ein Dritter im Besitz der Sache, so kann die Übergabe dadurch ersetzt werden, dass der Eigentümer dem Erwerber den Anspruch auf Herausgabe der Sache abtrittt.

Beispiel:
Emre einigt sich mit seiner Schwester Aische und verkauft ihr sein Fahrrad. Die Übergabe des Fahrrads kann jedoch nicht erfolgen, weil es derzeit von Emres Freund Bilal genutzt wird. Bilal hat es sich für drei Wochen von Emre geliehen. Damit Aische trotzdem Eigentümerin werden kann, tritt Emre den Anspruch auf Herausgabe des Rads an Aische ab. Dadurch wird sie auch ohne Übergabe des Fahrrads neue Eigentümerin und kann am Ende der Leihfrist das Fahrrad von Bilal zurückverlangen.

§ 932 Gutgläubiger Erwerb vom Nichtberechtigten
(1) Durch eine nach § 929 erfolgte Veräußerung wird der Erwerber auch dann Eigentümer, wenn die Sache nicht dem Veräußerer gehört, [...]

> **Beispiel 1:**
> Karl verkauft während des Urlaubs seiner Eltern den Fernseher, der den Eltern gehört, an die Nachbarn. Diese gehen davon aus, dass es Karls Fernseher ist. Sie einigen sich auf den Kaufpreis, nehmen den Fernseher mit und werden neue Eigentümer des Fernsehers.

(2) Der Erwerber ist nicht in gutem Glauben, wenn ihm bekannt oder infolge grober Fahrlässigkeit unbekannt ist, dass die Sache nicht dem Veräußerer gehört.

> **Beispiel 2:**
> Karl verkauft während des Urlaubs seiner Eltern den Fernseher, der den Eltern gehört, an seinen Kumpel Paul. Paul weiß, dass der Fernseher nicht Karl gehört, weil Karl damit einmal angegeben hatte, dass seine Eltern sich so einen Megafernseher gekauft hatten. Damit kann Paul den Fernseher nicht in gutem Glauben kaufen. Selbst wenn er den Kaufpreis zahlt und den Fernseher mitnimmt, gehört er nicht ihm; er wird nicht neuer Eigentümer des Fernsehers.

§ 935 Kein gutgläubiger Erwerb von abhanden gekommenen Sachen
(1) Der Erwerb des Eigentums auf Grund der §§ 932 bis 934 tritt nicht ein, wenn die Sache dem Eigentümer gestohlen worden, verloren gegangen oder sonst abhanden gekommen war. [...]

> **Beispiel 3:**
> Karl kauft im Internet eine gebrauchte Uhr. Er bezahlt und bekommt sie geliefert. Nach einer Woche besucht ihn die Polizei und sagt ihm, dass die Uhr aus einem Einbruch stammt. Karl muss die Uhr zurückgeben, da er trotz Einigung mit dem Verkäufer und Übergabe der Uhr kein Eigentümer an der gestohlenen Uhr geworden ist.

§ 985 Herausgabeanspruch
Der Eigentümer kann von dem Besitzer die Herausgabe der Sache verlangen.

D2 Auszug aus dem Bürgerlichen Gesetzbuch (BGB)

§ 449 Eigentumsvorbehalt
(1) Hat sich der Verkäufer einer beweglichen Sache das Eigentum bis zur Zahlung des Kaufpreises vorbehalten, so ist im Zweifel anzunehmen, dass das Eigentum unter der aufschiebenden Bedingung vollständiger Zahlung des Kaufpreises übertragen wird (Eigentumsvorbehalt).

> **Beispiel:**
> Das Möbelhaus Oppermann liefert 5 Bürostühle an die Kfz-Werkstatt Brömmer. Vereinbart wurde, dass die Stühle in 10 Tagen nach der Lieferung bezahlt werden. Wenn ein Eigentumsvorbehalt vereinbart wurde, bleiben die Stühle so lange im Eigentum des Möbelhauses, bis der Kaufpreis bezahlt ist, obwohl die Übergabe durch die Lieferung bereits erfolgt war.

(2) Auf Grund des Eigentumsvorbehalts kann der Verkäufer die Sache nur herausverlangen, wenn er vom Vertrag zurückgetreten ist.

Kap 2.3.3

Lernsituation 7

Kaufvertragsstörungen – mangelhafte Lieferung

Michael erwartet die Lieferung des Großhändlers über 20 Aufsatzwaschtische. Als diese am 22.02.20.. eintrifft und er die Lieferung mit der Bestellung vergleicht, wird er sauer:
»Das ist jetzt nicht wahr. Stimmt hier überhaupt irgendwas? Zu wenig und dann teilweise auch noch die falschen. Oh Mann, ich rufe da gleich an.« Bevor Michael zum Telefon greift, macht er eine Aufstellung über die von ihm festgestellten Mängel:

Bestellt wurden ...	geliefert wurden ...
20 Aqua Keramik Aufsatzwaschtische, brillantweiß	18 Aqua Keramik Aufsatzwaschtische
	davon weisen 2 Aqua Keramik Aufsatzwaschtische starke Kratzer auf
	2 Aqua Keramik Wandwaschbecken

Michael telefoniert mit dem Großhändler. Der entschuldigt sich und bittet Michael um eine schriftliche Aufstellung der festgestellten Mängel. Michael geht zum Chef, Hubert Braun.

Michael: Die Lieferung der Waschbecken vom Großhändler ist angekommen, aber da ist einiges schief gelaufen – schauen Sie mal.

Michael reicht Herrn Braun seine Mängelliste.

Braun: Ja, und das ist noch nicht alles. Wir haben vom selben Händler Badezimmer-Hängeschränke Modell »Topas« zum Selbstaufbauen bezogen und an Kunden weiterverkauft. Wir haben jetzt bereits 5 Reklamationen von Kunden, die es nicht geschafft haben, die Schränke aufzubauen. Ich habe mir selbst mal die Montageanleitung angesehen, die ist Schrott und nicht zu gebrauchen. Außerdem haben wir auch 50 Touchscreen-Thermostate Modell »Heat Control« für elektrische Fußbodenheizungen von dem Großhändler bezogen. In der Werbung für die Thermostate war davon die Rede, dass der Messbereich für den Bodenfühler von 0 °C bis + 40 °C geht, tatsächlich zeigt der nur bis + 30 °C an.
Das kannst Du gleich mit aufnehmen, wenn Du dem Großhändler einen gepfefferten Brief schreibst. Vorher solltest Du aber folgende Dinge überlegen:

- Welche unterschiedlichen Mängel haben wir festgestellt?
- Welche Rechte stehen uns laut Gesetz überhaupt zu?
- Wie lange können wir unsere Rechte geltend machen, verjähren die irgendwann?

AUFTRÄGE

1 In der Ausgangssituation wurden mehrere Mängel beschrieben. Helfen Sie Michael und beschreiben Sie jeweils die Art des Mangels. Begründen Sie diese Zuordnung. Nutzen Sie hierzu die Informationen des Datenkranzes ▸D1.

Gelieferte Artikel	Art des Sachmangels
18 Aqua Keramik Aufsatzwaschtische,	

▸

Gelieferte Artikel	Art des Sachmangels
davon weisen 2 Aqua Keramik Aufsatzwaschtische starke Kratzer auf.	
2 Aqua Keramik Wandwaschbecken,	
Badezimmer-Hängeschränke, die aufgrund einer unbrauchbaren Montageanleitung nicht aufgebaut werden können.	
Touchscreen-Thermostate für elektrische Fußbodenheizungen, versprochen war in der Werbung ein Messbereich für den Bodenfühler der von 0 °C bis +40 °C geht, tatsächlich zeigt dieser nur bis +30 °C an.	

2 Erstellen Sie für Michael eine Übersicht zu den Rechten des Käufers bei mangelhafter Lieferung. Ihre Übersicht sollte die Rechte des Käufers anschaulich darstellen. Prüfen Sie dabei auch, wann die Ansprüche des Käufers verjähren. Nutzen Sie hierzu die Informationen aus Datenkranz ▸D2 und ▸D3.

Voraussetzung: Die Kaufsache hat einen Sachmangel gemäß §434 BGB

vorrangig — **Rechte des Käufers** — **nachrangig**

vorrangig	nachrangig
§439 BGB:	§437, S. 2 BGB:
	§441 BGB:
	§280 BGB:
	§§280–283 BGB:
	§284 BGB:

Verjährung der Ansprüche:

3 Schreiben Sie für Michael eine E-Mail an den Großhändler, in der Sie die angeführten Mängel beschreiben und die der »Braun & Müller Heizung/Sanitär KG« zustehenden Rechte deutlich machen (▶M2, Seite 121).

Von:	**M.Gruber@bm-sanitaer.de**
An:	**P.Keller@sani-grosshandel.de**
CC:	**H.Braun@bm-sanitaer.de**
Betreff:	**Mängelrüge zur Lieferung vom 22.02.20..**

DATENKRANZ

D1 Informationen zur mangelhaften Lieferung

Der Verkäufer ist **verpflichtet**, den verkauften Gegenstand **frei von Sach- und Rechtsmängeln zu liefern.** Eine **mangelhafte Lieferung** liegt vor, wenn der Verkäufer dieser Pflicht nicht nachkommt.

Im § 434 BGB werden folgende Anforderungen an eine Kaufsache unterschieden.

Die Kaufsache entspricht den **subjektiven Anforderungen**, wenn …	
… sie die vereinbarte Beschaffenheit aufweist.	§ 434 (2) Nr. 1
… die Sache sich für die vertraglich vorausgesetzte Verwendung eignet.	§ 434 (2) Nr. 2

▶

… sie mit dem vereinbarten Zubehör und den vereinbarten Betriebs- und Montageanleitungen geliefert wurde.	§ 434 (2) Nr. 3
Zur **vereinbarten Beschaffenheit** zählen Art, Menge, Qualität, Funktionalität sowie sonstige Merkmale der Sache.	

Soweit nichts anderes vereinbart wurde, entspricht eine Kaufsache den **objektiven Anforderungen**, wenn …	
… sie sich für die gewöhnliche Verwendung eignet.	§ 434 (3) Nr. 1
… sie eine Beschaffenheit aufweist, die bei Sachen derselben Art üblich ist und die der Käufer erwarten kann.	§ 434 (3) Nr. 2
… die tatsächliche Eigenschaft der Sache den Äußerungen des Verkäufers oder den Werbeaussagen entspricht.	§ 434 (3) Nr. 2
… die tatsächliche Eigenschaft der Beschaffenheit entspricht, die auf dem Etikett steht.	§ 434 (3) Nr. 2
… die Sache der Beschaffenheit einer Probe oder eines Musters entspricht, die dem Käufer vor Vertragsabschluss zur Verfügung gestellt wurde.	§ 434 (3) Nr. 3
… sie mit dem Zubehör einschließlich der Betriebs- und Montageanleitungen geliefert wurde, die der Käufer erwarten kann.	§ 434 (3) Nr. 4
Zur **üblichen Beschaffenheit** zählen Menge, Qualität und sonstige Merkmale der Sache, einschließlich ihrer Haltbarkeit, Funktionalität, Kompatibilität und Sicherheit.	

Wenn eine **Montage** durchzuführen ist, entspricht die Sache den **Montageanforderungen**, wenn …	
… die Montage sachgemäß durchgeführt wurde.	§ 434 (4) Nr. 1
… die Montage unsachgemäß durchgeführt wurde, diese aber nicht durch den Verkäufer erfolgte oder nicht auf einer mangelhaften Montageanleitung beruhte.	§ 434 (4) Nr. 2

Ein Sachmangel liegt ebenfalls vor, wenn der Verkäufer eine andere als die vereinbarte Sache liefert (§ 434 (5) BGB).

D2 Informationen zu den Rechten des Käufers bei Sachmängeln

§ 439 BGB: Nacherfüllung
(1) Der Käufer kann als Nacherfüllung nach seiner Wahl die Beseitigung des Mangels oder die Lieferung einer mangelfreien Sache verlangen.
(2) Der Verkäufer hat die zum Zwecke der Nacherfüllung erforderlichen Aufwendungen, insbesondere Transport-, Wege-, Arbeits- und Materialkosten zu tragen. […]
(4) Der Verkäufer kann die vom Käufer gewählte Art der Nacherfüllung […] verweigern, wenn sie nur mit unverhältnismäßigen Kosten möglich ist. Dabei sind insbesondere der Wert der Sache in mangelfreiem Zustand, die Bedeutung des Mangels und die Frage zu berücksichtigen, ob auf die andere Art der Nacherfüllung ohne erhebliche Nachteile für den Käufer zurückgegriffen werden könnte. Der Anspruch des Käufers beschränkt sich in diesem Fall auf die andere Art der Nacherfüllung; das Recht des Verkäufers, auch diese unter den Voraussetzungen des Satzes 1 zu verweigern, bleibt unberührt.

Der Käufer kann wählen, ob er entweder die Beseitigung des Mangels **(Nachbesserung)** durch Reparatur oder die Lieferung einer mangelfreien Sache **(Ersatzlieferung)** verlangt. Dem Verkäufer ist **zur Nacherfüllung eine angemessene Frist einzuräumen.**

Der Verkäufer kann die vom Käufer **gewählte Form** der **Nacherfüllung verweigern,** wenn sie mit unverhältnismäßig hohen Kosten verbunden ist.

Beispiel: Ein Kunde verlangt die Reparatur eines fehlerhaften neuen Weckers, den er für 10 EUR gekauft hat. Die Reparatur würde dem Verkäufer Kosten in Höhe von 20 EUR verursachen. Die Reparaturkosten stehen in keinem Verhältnis zum Warenwert. Der Händler kann daher die Nachbesserung des Weckers ablehnen und stattdessen eine Ersatzlieferung vornehmen.

Aufwendungen, die zum Zwecke der Nacherfüllung notwendig sind, wie Transport-, Wege-, Arbeits- und Materialaufwendungen, hat der Verkäufer zu tragen.

Beispiel: Telefonkosten, Porto, Fahrtkosten für die Abwicklung der Reklamation

Grundsätzlich gilt eine Nachbesserung nach dem erfolglosen zweiten Versuch als fehlgeschlagen.

Ist die **angemessene Nachfrist zur Nacherfüllung abgelaufen**, so kann der Käufer weitere Rechte geltend machen.

Beim Verbrauchsgüterkauf ist der Käufer nicht verpflichtet, eine angemessene Frist zur Nacherfüllung zu setzen, es reicht aus, wenn der Käufer den Verkäufer über den Mangel unterrichtet hat und eine als angemessen angesehene Nachfrist verstrichen ist.

§ 437 BGB: Rechte des Käufers bei Mängeln
Ist die Sache mangelhaft, kann der Käufer, wenn die Voraussetzungen der folgenden Vorschriften vorliegen und soweit nicht ein anderes bestimmt ist,
1. nach § 439 Nacherfüllung verlangen,
2. [...] von dem Vertrag zurücktreten oder nach § 441 den Kaufpreis mindern und
3. nach den §§ [...] 280, 281, 283 Schadensersatz oder nach § 284 Ersatz vergeblicher Aufwendungen verlangen.

- **Rücktritt vom Kaufvertrag**
  Der Kaufgegenstand ist zurückzugeben und der etwa schon bezahlte Kaufpreis zurückzuzahlen.
- **Minderung des Kaufpreises**
  Der Kaufvertrag bleibt bestehen. Der Käufer kann jedoch eine Herabsetzung des Kaufpreises verlangen.
- **Schadensersatz**
  Dem Käufer steht Schadensersatz zu, wenn folgende Voraussetzungen erfüllt sind:
  - Pflichtverletzung des Verkäufers. Der Verkäufer muss für die Pflichtverletzung verantwortlich sein.
  - Unabhängig von der Pflichtverletzung haftet der Verkäufer auch, wenn er ein Beschaffungsrisiko oder eine Garantie übernommen hat.

  Folgende Arten des Schadensersatzes sind möglich:

  a) **Schadensersatz neben der Erfüllung (kleiner Schadensersatz).** Der Käufer hat Anspruch auf die Erfüllung des Vertrages und den Ersatz der Kosten.

  Beispiel: Reparaturkostenerstattung für die Eigenleistung des Käufers, um den Mangel zu beseitigen.

  b) **Schadensersatz statt Erfüllung (großer Schadensersatz).** Der Käufer kann vom Kaufvertrag zurücktreten und Schadensersatz verlangen. Bereits erbrachte Teilleistungen müssen vom Käufer zurückgegeben werden.

  Beispiel: Eine defekte Maschine wird am 18.01.20.. geliefert. Zweimal wurde der Lieferant vergeblich aufgefordert, eine Nachbesserung durchzuführen. Infolge der defekten Maschine entsteht ein mehrtägiger Produktionsausfall. Der Kunde kann vom Kaufvertrag zurücktreten und vom Lieferanten Schadensersatz für den Produktionsausfall verlangen.
- **Ersatz vergeblicher Aufwendungen**
  Anstelle des großen Schadensersatzes kann der Käufer den Ersatz der Aufwendungen verlangen, die er im Vertrauen auf den Erhalt der Leistung gemacht hat

  Beispiel: Zur Montage eines Öltanks in einem Heizungskeller wird ein spezielles Fundament gegossen. Der Öltank ist nicht dicht und zwei Reparaturversuche führten nicht zum Erfolg, damit ist die Nacherfüllung gescheitert. Die Kosten für das Fundament hat der Verkäufer des Öltanks zu übernehmen.

D3 Informationen zur Verjährung von Ansprüchen

Unter **Verjährung** versteht man den **Ablauf einer gesetzlich festgelegten Frist**, innerhalb derer ein **Anspruch gerichtlich durchgesetzt** werden kann. Ein Anspruch ist ein Recht, das jemand auf etwas hat.

Art	Ansprüche	Verjährungsfrist	Beginn der Verjährung
regelmäßige Verjährung	aller Art, sofern keine anderen Fristen gelten, z. B. Zahlungsansprüche	3 Jahre	mit Ablauf des Jahres, in dem der Anspruch entstanden ist
besondere Verjährung	Haftung des Verkäufers bei mangelhafter Lieferung	2 Jahre	mit Lieferung der Kaufsache

Wie werden Verjährungsfristen berechnet?

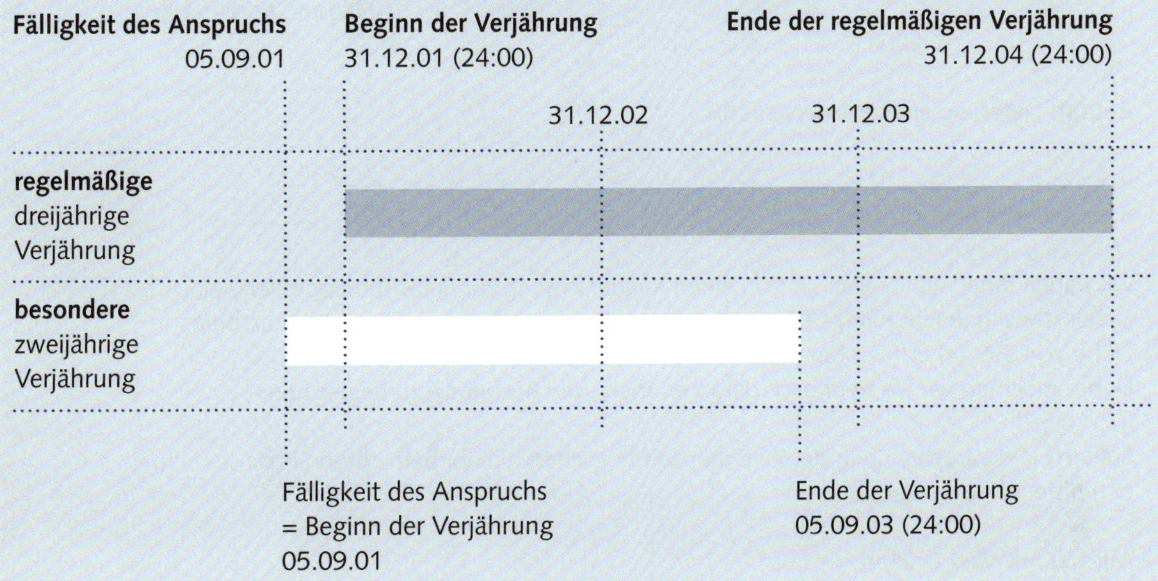

▸ Folge der Verjährung: Der Schuldner kann die Leistung verweigern.

Lernsituation 8

Kap 2.3.2 Kap 2.4.1

Kaufvertragsstörungen – Zahlungsverzug, regelmäßige Verjährung

Nach Feierabend schaut Michael zu Hause nach der Post und findet folgenden Brief:

Wir sind die Möbelprofis

Möbel Center Münsingen KG, Horstweg 13, 72525 Münsingen

Michael Gruber
Hertastr. 5
72525 Münsingen

Datum: 22. Februar 20..

Betreff: Lieferung eines Kleiderschranks

Sehr geehrter Herr Gruber,

wir haben Ihnen am 17. Januar 20.. einen Kleiderschrank zur Selbstmontage geliefert. Sicher ist es Ihnen im Alltagsstress entgangen, die der Lieferung beiliegende Rechnung in Höhe von 399,00 EUR zu bezahlen.
Daher möchten wir Sie freundlich daran erinnern, die Rechnung zu begleichen.

Sollten Sie die Rechnung in der Zwischenzeit beglichen haben, betrachten Sie dieses Schreiben bitte als gegenstandslos.

Mit freundlichen Grüßen

i.A. *Peter Schulz*

i. A. Peter Schulz
Möbel Center Münsingen KG

»Mist«, denkt er sich, »die Rechnung hatte ich nicht mehr auf dem Schirm – einfach vergessen.«

Michael überlegt, wie er vorgehen sollte. In der Rechnung, die er mit der Lieferung erhalten hatte, war kein Datum für die Zahlung angegeben. Aber er erinnert sich, dass da irgendwas von Zahlung innerhalb von 30 Tagen nach der Lieferung stand. Er findet in seinen Schulunterlagen unvollständige Notizen zum Zahlungsverzug, die er wohl irgendwann angefangen, dann aber nicht beendet hatte.

AUFTRÄGE

1 Vervollständigen Sie für Michael die Notizen zum Zahlungsverzug. Nutzen Sie die bisher zusammengetragenen Informationen sowie die Informationen aus ▶D1.

Zahlungsverzug liegt vor, wenn der Käufer trotz Mahnung den vereinbarten Kaufpreis **schuldhaft nicht** oder **nicht rechtzeitig bezahlt.**

Voraussetzungen des Zahlungsverzuges

- **Nichtzahlung trotz Fälligkeit**
- **Mahnung**
- **Verschulden (Verantwortlichkeit des Schuldners)**

Nach §286 BGB ist eine Mahnung in folgenden Fällen nicht nötig:		
	Bedingung	**Beispiel**
1.	§286 (2), Nr. 1 BGB:	»zahlbar spätestens am 10. April 20.. «
2.	§286 (2), Nr. 2 BGB:	»zahlbar 10 Tage nach Rechnungsdatum«
3.	§286 (2), Nr. 3 BGB:	Der Käufer sagt: »Ich zahle weder jetzt noch in 30 Tagen, ich zahle gar nicht!«
4.	§286 (3) BGB:	Rechnung ging am 1. März zu, Verzug besteht ab 31. März

Verschulden bedeutet, dass der Käufer dafür **verantwortlich** ist, dass er **nicht zahlt**. Er hat z. B. die Zahlung vergessen. Liegt der Käufer wegen eines unverschuldeten Unfalls im Krankenhaus und er zahlt deshalb nicht, kann er nichts dafür. Ihn trifft kein Verschulden, er ist damit nicht im Zahlungsverzug.

2 Erstellen Sie eine Übersicht zum Zahlungsverzug. Ihre Übersicht sollte die Voraussetzungen des Zahlungsverzuges sowie die Rechte des Verkäufers beim Zahlungsverzug beinhalten. Prüfen Sie ebenfalls, wann die Ansprüche des Verkäufers verjähren. Nutzen Sie hierzu die Informationen aus dem Datenkranz ▸D1 und ▸D2.

Voraussetzungen des Zahlungsverzuges

Rechte des Gläubigers beim Zahlungsverzug

sofort, ohne Fristsetzung	Nach angemessener Nachfristsetzung können beide Rechte einzeln oder zusammen geltend gemacht werden.	
▪ Zahlung verlangen ▪ § 280 BGB: ▪ § 288 BGB:	§ 281 BGB:	§ 323 BGB:

Verjährung der Ansprüche:

3 Prüfen und begründen Sie, ob Michael in Zahlungsverzug ist.

DATENKRANZ

D1 Auszüge aus dem BGB

§ 280 Schadensersatz wegen Pflichtverletzung

(1) Verletzt der Schuldner eine Pflicht aus dem Schuldverhältnis, so kann der Gläubiger Ersatz des hierdurch entstehenden Schadens verlangen. Dies gilt nicht, wenn der Schuldner die Pflichtverletzung nicht zu vertreten hat.
[…]

Erklärung:
Das ist der Grundparagraf für den Schadensersatz. Voraussetzung für Schadensersatz ist vor allem, dass überhaupt ein Schaden entstanden ist. Ein Gläubiger kann sich mächtig ärgern, wenn jemand nicht zahlt, Ärger ist aber kein Schaden. Erst wenn der Gläubiger dadurch zusätzliche Kosten hat, z. B. Aufwand und Extraarbeit durch Mahnungen oder Anwaltskosten usw., kann er diesen Schadensersatz auch einfordern. Allerdings nur dann, wenn der Schuldner für die zu späte Zahlung auch verantwortlich ist. Der Gläubiger kann wegen der zu späten Zahlung vom Schuldner auch Zinsen verlangen, Näheres hierzu findet man weiter unten in § 288 BGB.

§ 281 Schadensersatz statt der Leistung wegen nicht oder nicht wie geschuldet erbrachter Leistung

(1) Soweit der Schuldner die fällige Leistung nicht oder nicht wie geschuldet erbringt, kann der Gläubiger unter den Voraussetzungen des § 280 Abs. 1 Schadensersatz statt der Leistung verlangen, wenn er dem Schuldner erfolglos eine angemessene Frist zur Leistung oder Nacherfüllung bestimmt hat. […]
(2) Die Fristsetzung ist entbehrlich, wenn der Schuldner die Leistung […] verweigert […].
[…]
(4) Der Anspruch auf die Leistung ist ausgeschlossen, sobald der Gläubiger statt der Leistung Schadensersatz verlangt hat.
(5) Verlangt der Gläubiger Schadensersatz statt der ganzen Leistung, so ist der Schuldner zur Rückforderung des Geleisteten nach den §§ 346 bis 348 berechtigt.

§ 286 Verzug des Schuldners

1) Leistet der Schuldner auf eine Mahnung des Gläubigers nicht, die nach dem Eintritt der Fälligkeit erfolgt, so kommt er durch die Mahnung in Verzug. Der Mahnung stehen die Erhebung der Klage auf die Leistung sowie die Zustellung eines Mahnbescheids im Mahnverfahren gleich.
(2) Der Mahnung bedarf es nicht, wenn
1. für die Leistung eine Zeit nach dem Kalender bestimmt ist,
2. der Leistung ein Ereignis vorauszugehen hat und eine angemessene Zeit für die Leistung in der Weise bestimmt ist, dass sie sich von dem Ereignis an nach dem Kalender berechnen lässt,
3. der Schuldner die Leistung ernsthaft und endgültig verweigert,

[…]
(3) Der Schuldner einer Entgeltforderung kommt spätestens in Verzug, wenn er nicht innerhalb von 30 Tagen nach Fälligkeit und Zugang einer Rechnung oder gleichwertigen Zahlungsaufstellung leistet; dies gilt gegenüber einem Schuldner, der Verbraucher ist, nur, wenn auf diese Folgen in der Rechnung oder Zahlungsaufstellung besonders hingewiesen worden ist. Wenn der Zeitpunkt des Zugangs der Rechnung oder Zahlungsaufstellung unsicher ist, kommt der Schuldner, der nicht Verbraucher ist, spätestens 30 Tage nach Fälligkeit und Empfang der Gegenleistung in Verzug.
(4) Der Schuldner kommt nicht in Verzug, solange die Leistung infolge eines Umstands unterbleibt, den er nicht zu vertreten hat.

§ 288 Verzugszinsen und sonstiger Verzugsschaden

(1) Eine Geldschuld ist während des Verzugs zu verzinsen. Der Verzugszinssatz beträgt für das Jahr fünf Prozentpunkte über dem Basiszinssatz.
(2) Bei Rechtsgeschäften, an denen ein Verbraucher nicht beteiligt ist, beträgt der Zinssatz für Entgeltforderungen neun Prozentpunkte über dem Basiszinssatz.
(3) Der Gläubiger kann aus einem anderen Rechtsgrund höhere Zinsen verlangen.
(4) Die Geltendmachung eines weiteren Schadens ist nicht ausgeschlossen.

HINWEIS:
Der Basiszinssatz liegt aktuell bei −0,88 % (Stand 1. Januar 2022).

§ 323 Rücktritt wegen nicht oder nicht vertragsgemäß erbrachter Leistung

(1) Erbringt bei einem gegenseitigen Vertrag der Schuldner eine fällige Leistung nicht oder nicht vertragsgemäß, so kann der Gläubiger, wenn er dem Schuldner erfolglos eine angemessene Frist zur Leistung oder Nacherfüllung bestimmt hat, vom Vertrag zurücktreten.

(2) Die Fristsetzung ist entbehrlich, wenn
1. der Schuldner die Leistung ernsthaft und endgültig verweigert,
2. der Schuldner die Leistung bis zu einem im Vertrag bestimmten Termin oder innerhalb einer im Vertrag bestimmten Frist nicht bewirkt, [...]

D2 Informationen zur Verjährung von Ansprüchen

Unter **Verjährung** versteht man den **Ablauf** einer **gesetzlich festgelegten Frist,** innerhalb derer ein **Anspruch gerichtlich durchgesetzt** werden kann. Ein Anspruch ist ein Recht, das jemand auf etwas hat.

Art	Ansprüche	Verjährungsfrist	Beginn der Verjährung
regelmäßige Verjährung	aller Art, sofern keine anderen Fristen gelten, z. B. Zahlungsansprüche.	3 Jahre	Mit Ablauf des Jahres, in dem der Anspruch entstanden ist.

Wie werden Verjährungsfristen berechnet?

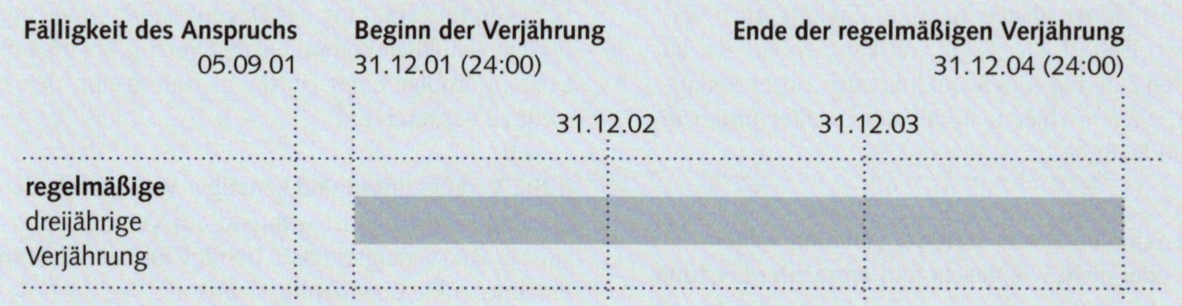

▸ Folge der Verjährung: Der Schuldner kann die Leistung verweigern.

AUSGANGSSITUATION

Kap 2.5 Kap 2.6.1

Lernsituation **9**

Verbraucherberatung und Fernabsatzgesetz

Hannah Braun macht gerade eine Ausbildung zur Bäckereifachverkäuferin. Sie hat in den letzten Monaten fleißig gespart und möchte sich nun ein eigenes Notebook kaufen. Sie schaut sich in Elektrogeschäften um und recherchiert auch im Internet. Das Angebot ist riesig und Hannah ist verwirrt. Sie weiß nicht, welches Gerät sie kaufen soll. Schließlich möchte sie nicht ihr gesamtes Gespartes für einen Fehlkauf ausgeben.
Leider hat auch niemand in ihrer Familie und im Freundeskreis Computerkenntnisse und kann ihr bei der Entscheidung helfen.

Wer kann ihr bei der Entscheidung helfen?

AUFTRÄGE

1 **1** Erstellen Sie für Hannah mithilfe des Informationstextes in ▸D1 eine Übersicht über die Möglichkeiten, die es gibt, um sich Informationen zu Produkten zu beschaffen.

Verbraucherberatung

1 **2** Da Hannah nicht so viel verdient, muss sie natürlich auf den Preis schauen. Nennen und begründen Sie, welche Gesichtspunkte neben dem Preis bei der Kaufentscheidung noch eine Rolle spielen könnten.

____

____

____

____

1 **3** Erläutern Sie, zu welchem Notebook Sie Hannah raten würden, wenn Sie die Testergebnisse der Stiftung Warentest (▸D2) als Entscheidungsgrundlage nehmen?

____

____

____

2 Hannah hat sich für ein Notebook entschieden. Da es im Internet leichter ist, die Preise zu vergleichen, möchte sie ihr Notebook online bestellen.
Sie hat bei einem Internethändler ihr gewünschtes Notebook günstig entdeckt und bestellt dieses. Am gleichen Tag hat sie noch die Auftragsbestätigung und auch die Versandbestätigung erhalten. Zwei Werktage später wird das Notebook geliefert. Bezahlt ist das Notebook auch schon. Hannah wollte etwas Besonderes und hat sich das Notebook in der Farbe rosa bestellt. Als sie jedoch das Notebook auspackt, gefällt ihr die Farbe überhaupt nicht, es war eher ein grelles Pink.
Sie sollen ihr nun mit Ihrem juristischen Rat zur Seite stehen. Eignen Sie sich mithilfe der Gesetze (▸D3) das dazu notwendige Fachwissen an und beraten Sie Hannah.

2 1 Definieren Sie den Begriff »Fernabsatzvertrag« und begründen Sie, ob im Falle von Hannah ein Fernabsatzvertrag vorliegt.

2 2 Erläutern Sie Hannah mithilfe des Informationstextes in ▸D4 ihr Widerrufsrecht und gehen Sie dabei auch auf die Fristen und die Kostenübernahme ein. Beschreiben Sie auch die Folge, welche sich aus dem erfolgreichen Widerruf ergibt.

Widerrufsrecht:

Frist:

Kostenübernahme:

Folge:

2 **3** Erörtern Sie, warum es sinnvoll ist, dass ein Verbraucher bei Fernabsatzverträgen im Vergleich zu einem Ladenkauf besondere Rechte hat.

2 **4** Erläutern Sie mithilfe der Gesetze in ▸D3, wie sich die rechtliche Situation von Hannah ändern würde, wenn sie nicht ein Notebook, sondern eine versiegelte Software bei dem Internethändler bestellt und getestet hätte. Nennen Sie weitere Ausnahmen und begründen Sie jeweils, warum dies Ausnahmen sind.

Rechtliche Situation für Hannah:

DATENKRANZ

D1 Informationstext

Verbraucherinnen und Verbraucher können sich in rund 200 Beratungsstellen der verbraucherzentrale in allen Bundesländern unabhängig beraten lassen und bekommen hier auch zu verschiedenen Bereichen aktuelle und verlässliche Informationen. Die Verbraucherzentralen sind unabhängige, überwiegend öffentlich finanzierte, gemeinnützige Organisationen.

Verbraucherinnen und Verbraucher sollen bei Konsumentscheidungen informiert, beraten und unterstützt werden. Sie helfen, einen Überblick bei unübersichtlichen Angeboten zu bekommen. Hierfür geben sie auch Ratgeberbroschüren zu vielen verschiedenen Bereichen des privaten Konsums heraus.

Aber auch von öffentlicher Seite aus wurde eine Plattform für Bürgeranfragen im Bereich Konsum eingerichtet. Die Bundesanstalt für Landwirtschaft und Ernährung betreibt hierfür den Verbraucherlotsen.

Neben den staatlichen Beratungsstellen bieten aber auch verschiedene Medien Möglichkeiten der Beratung an. Die Verbraucherorganisation Stiftung Warentest gehört zu den wohl bekanntesten. Die Stiftung Warentest wurde 1964 auf Beschluss des Deutschen Bundestages gegründet, um dem Verbraucher durch die vergleichenden Tests von Waren und Dienstleistungen eine unabhängige und objektive Unterstützung zu bieten. Jeden Monat gibt sie hierfür die Zeitschriften test und Finanztest heraus sowie zahlreiche Bücher.

Neben den Veröffentlichungen durch Stiftung Warentest gibt es aber auch die Möglichkeiten, sich in Tageszeitungen oder Fachzeitschriften Informationen und Tipps zu holen.

Auch im Bereich Funk und Fernsehen (z. B. ZDF–WISO) gibt es verschiedene Programme, die der Verbraucherberatung dienen.

Quelle Logo: www.verbraucherzentrale.de
Quelle Logo: www.verbraucherlotse.de

D2 Testergebnis Stiftung Warentest

test Ultrabooks 1/2019

Produkt	Mittlerer Preis ca. (Euro)	Geprüft mit Betriebssystem	Funktionen 30 %	Display 20 %	Akku 20 %	Handhabung 20 %	Vielseitigkeit 10 %	test-QUALITÄTSURTEIL 100 %
Apple MacBook Pro 13" (MR9U2D/A)	1750	MacOS 10	+	++	++	+	+	GUT (1,7)
Apple MacBook Air (256 GB, 8 GB) (MRE92D/A)	1600 [2]	MacOS 10	+	+	++	+	o	GUT (1,9)
Dell XPS 13 (9370 7J47C)	1360	Windows 10 Home	+	+	++	+	o	GUT (1,9)
Asus ZenBook S UX391UA-EG031T	1220 [3]	Windows 10 Home	+	+	+	+	o	GUT (2,0)
Huawei MateBook D VLT-W60B	1200	Windows 10 Home	+	+	++	+	o	GUT (2,0)
Microsoft Surface Laptop 2 (i7, 256 GB, 8 GB)	1540	Windows 10 Home	+	+	+	+	o	GUT (2,0)
Acer Swift 3 SF314-54G-891H (NX.GY0EG.004)	935	Windows 10 Home	+	o	+	+	+	GUT (2,1)
Lenovo Ideapad 530S-14IKB (81EU00D1GE)	990	Windows 10 Home	+	o	+	+	+	GUT (2,2)
HP Envy 13-ah0005ng	915	Windows 10 Home	+	+	o	+	+	GUT (2,3)

++ sehr gut (0,5–1,5) + gut (1,6–2,5) o befriedigend (2,6–3,5) ⊖ ausreichend (3,6–4,5) – mangelhaft (4,6–5,5)

Reihenfolge: Nach Qualitätsurteil, bei gleichen Werten nach Alphabet. **Fußnoten:** Eine Erklärung finden Sie am Ende der Tabelle.

1) Nicht lieferbar.
2) Von uns bezahlter Einkaufspreis.
3) Laut Anbieter Auslaufmodell.
4) Mittlerer Onlinepreis ohne Versandkosten (Stand: 07.11.2018).
Online-Preise (ohne Versandkosten) ermittelt durch idealo.de.

D3 Auszug aus dem Bürgerlichen Gesetzbuch (BGB)

§ 312c Fernabsatzverträge

(1) Fernabsatzverträge sind Verträge, bei denen der Unternehmer [...] und der Verbraucher für die Vertragsverhandlungen und den Vertragsschluss ausschließlich Fernkommunikationsmittel verwenden, es sei denn, dass der Vertragsschluss nicht im Rahmen eines für den Fernabsatz organisierten Vertriebs- oder Dienstleistungssystems erfolgt.

(2) Fernkommunikationsmittel im Sinne dieses Gesetzes sind alle Kommunikationsmittel, die zur Anbahnung oder zum Abschluss eines Vertrags eingesetzt werden können, ohne dass die Vertragsparteien gleichzeitig körperlich anwesend sind, wie Briefe, Kataloge, Telefonanrufe, Telekopien, E-Mails, über den Mobilfunkdienst versendete Nachrichten (SMS) sowie Rundfunk und Telemedien.

§ 312g Widerrufsrecht

(1) Dem Verbraucher steht bei außerhalb von Geschäftsräumen geschlossenen Verträgen und bei Fernabsatzverträgen ein Widerrufsrecht gemäß § 355 zu.

(2) Das Widerrufsrecht besteht, soweit die Parteien nichts anderes vereinbart haben, nicht bei folgenden Verträgen:

1. Verträge zur Lieferung von Waren, die nicht vorgefertigt sind und für deren Herstellung eine individuelle Auswahl oder Bestimmung durch den Verbraucher maßgeblich ist oder die eindeutig auf die persönlichen Bedürfnisse des Verbrauchers zugeschnitten sind,
2. Verträge zur Lieferung von Waren, die schnell verderben können oder deren Verfallsdatum schnell überschritten würde,
3. Verträge zur Lieferung versiegelter Waren, die aus Gründen des Gesundheitsschutzes oder der Hygiene nicht zur Rückgabe geeignet sind, wenn ihre Versiegelung nach der Lieferung entfernt wurde,
4. Verträge zur Lieferung von Waren, wenn diese nach der Lieferung auf Grund ihrer Beschaffenheit untrennbar mit anderen Gütern vermischt wurden,
5. Verträge zur Lieferung alkoholischer Getränke, deren Preis bei Vertragsschluss vereinbart wurde, die aber frühestens 30 Tage nach Vertragsschluss geliefert werden können und deren aktueller Wert von Schwankungen auf dem Markt abhängt, auf die der Unternehmer keinen Einfluss hat,
6. Verträge zur Lieferung von Ton- oder Videoaufnahmen oder Computersoftware in einer versiegelten Packung, wenn die Versiegelung nach der Lieferung entfernt wurde,
7. Verträge zur Lieferung von Zeitungen, Zeitschriften oder Illustrierten mit Ausnahme von Abonnement-Verträgen,
8. Verträge zur Lieferung von Waren oder zur Erbringung von Dienstleistungen, einschließlich Finanzdienstleistungen, deren Preis von Schwankungen auf dem Finanzmarkt abhängt, auf die der Unternehmer keinen Einfluss hat und die innerhalb der Widerrufsfrist auftreten können, insbesondere Dienstleistungen im Zusammenhang mit Aktien, mit Anteilen an offenen Investmentvermögen im Sinne von § 1 Absatz 4 des Kapitalanlagegesetzbuchs und mit anderen handelbaren Wertpapieren, Devisen, Derivaten oder Geldmarktinstrumenten,
9. vorbehaltlich des Satzes 2 Verträge zur Erbringung von Dienstleistungen in den Bereichen Beherbergung zu anderen Zwecken als zu Wohnzwecken, Beförderung von Waren, Kraftfahrzeugvermietung, Lieferung von Speisen und Getränken sowie zur Erbringung weiterer Dienstleistungen im Zusammenhang mit Freizeitbetätigungen, wenn der Vertrag für die Erbringung einen spezifischen Termin oder Zeitraum vorsieht,
10. Verträge, die im Rahmen einer Vermarktungsform geschlossen werden, bei der der Unternehmer Verbrauchern, die persönlich anwesend sind oder denen diese Möglichkeit gewährt wird, Waren oder Dienstleistungen anbietet, und zwar in einem vom Versteigerer durchgeführten, auf konkurrierenden Geboten basierenden transparenten Verfahren, bei dem der Bieter, der den Zuschlag erhalten hat, zum Erwerb der Waren oder Dienstleistungen verpflichtet ist (öffentlich zugängliche Versteigerung),
11. Verträge, bei denen der Verbraucher den Unternehmer ausdrücklich aufgefordert hat, ihn aufzusuchen, um dringende Reparatur- oder Instandhaltungsarbeiten vorzunehmen; dies gilt nicht hinsichtlich weiterer bei dem Besuch erbrachter Dienstleistungen, die der Verbraucher nicht ausdrücklich verlangt hat, oder hinsichtlich solcher bei dem Besuch gelieferter Waren, die bei der Instandhaltung oder Reparatur nicht unbedingt als Ersatzteile benötigt werden,
12. Verträge zur Erbringung von Wett- und Lotteriedienstleistungen, es sei denn, dass der Verbraucher seine Vertragserklärung telefonisch abgegeben hat oder der Vertrag außerhalb von Geschäftsräumen geschlossen wurde, und
13. notariell beurkundete Verträge; dies gilt für Fernabsatzverträge über Finanzdienstleistungen nur, wenn der Notar bestätigt, dass die Rechte des Verbrauchers aus § 312d Absatz 2 gewahrt sind.

[...]

D4 Informationstext zum Widerrufsrecht

Von Widerruf bis Umtausch: Wenn Sie mit der Ware nicht zufrieden sind

Wenn Sie Ware im Internet, am Telefon oder an Ihrer Wohnungstür kaufen oder dort Verträge abschließen, können Sie das in vielen Fällen rückgängig machen. Wir zeigen Ihnen, was Sie beachten müssen, wenn Sie aus einem Vertrag wieder aussteigen möchten.

Das Wichtigste in Kürze:

- Das Widerrufsrecht gilt in der Regel 14 Tage nach Abschluss eines Vertrages oder dem Erhalt bestellter Ware.
- Um einen Vertrag zu widerrufen, müssen Sie dies dem Händler oder Vertragspartner mitteilen.
- Nutzen Sie zum Widerruf zum Beispiel das vom Händler mitgelieferte Formular.

Wie kann ich einen Vertrag widerrufen?

Zunächst müssen Sie dem Vertragspartner mitteilen, dass Sie den Vertrag widerrufen. Den Widerruf können Sie mündlich oder schriftlich erklären. Verwenden Sie hierfür das Musterwiderrufs-Formular, das das Unternehmen mitgeliefert hat, und verschicken es am besten per Einschreiben oder per Fax mit Sendebericht. So haben Sie im Streitfall einen Beweis.

Hinweis: Es reicht nicht aus, die Ware kommentarlos zurückzuschicken. Sie müssen den Widerruf in jedem Fall gegenüber dem Verkäufer oder Unternehmer erklären. Einen Grund, warum Sie widerrufen wollen, müssen Sie nicht angeben.

Wie lange habe ich Zeit, einen Vertrag zu widerrufen?

Die Widerrufsfrist beträgt 14 Tage. Allerdings gilt diese Frist erst, wenn Sie von Ihrem Vertragspartner oder Verkäufer über Ihr Widerrufsrecht informiert wurden und Ihnen die Widerrufsbelehrung vorliegt. Reicht der Händler die Belehrung nach, haben Sie ab dann 14 Tage Zeit für den Widerruf. Das Widerrufsrecht erlischt spätestens nach einem Jahr und 14 Tagen.

Die Frist beginnt zu unterschiedlichen Zeitpunkten:

Haben Sie Waren bestellt, beginnt die Frist ab dem Tag, an dem Sie die Ware erhalten. Der Tag, an dem die Frist beginnt, wird jedoch bei der Berechnung nicht mitgezählt.

Erfolgt die Lieferung in Teilen, beginnt die Frist an dem Tag, an dem die letzte Lieferung erfolgt. Ausnahme sind hier Abo-Verträge, z. B. Zeitschriften-Abo. Hier beginnt die Frist mit Erhalt der ersten Leistung.

Muss ich begründen, warum ich einen Vertrag widerrufe?

Nein, einen Grund für Ihren Widerruf müssen Sie nicht angeben. Der Bundesgerichtshof hat dies mit Urteil vom 16. März 2016 noch einmal bekräftigt (Az. VIII ZR 146/15).

Der Vertrag ist widerrufen, was muss ich jetzt tun?

Ware zurückschicken: Sie müssen die Ware binnen 14 Tagen wieder in Richtung Händler auf den Weg bringen. Es sei denn, dieser hat angeboten, die Ware abzuholen. Dabei müssen Sie nicht die Originalverpackung verwenden. Die Rücksendeadresse finden Sie in der Widerrufsbelehrung. Das Risiko, dass die Ware auf dem Transportweg verloren geht oder beschädigt wird, trägt der Händler. Heben Sie deshalb zu Beweiszwecken den Einlieferungsbeleg auf.

Sie bekommen gezahltes Geld zurück: Der Verkäufer ist verpflichtet, Ihnen Ihr Geld innerhalb von 14 Tagen nach Erhalt der Widerrufserklärung zurückzuzahlen. Er kann mit der Überweisung aber so lange warten, bis er die Ware von Ihnen zurückerhalten hat oder Sie ihm einen Einlieferungsbeleg zusenden.

Erklären Sie den Widerruf, müssen Sie auch die Kosten der Rücksendung tragen. Voraussetzung ist, dass der Unternehmer Sie im Vorfeld darüber informiert hat. Sie müssen die Rücksendekosten jedoch nicht bezahlen, wenn der Unternehmer sich bereit erklärt hat, diese zu übernehmen.

Wertersatz: Haben Sie die Ware beschädigt oder hat diese auf andere Weise an Wert verloren, kann der Händler Wertersatz verlangen, wenn er Sie vor Vertragsschluss rechtskonform über Ihr Widerrufsrecht informiert hat. Dies gilt aber nicht, wenn der Wertverlust dadurch zustande kam, dass Sie die Ware auf ihre Beschaffenheit, Eigenschaften und Funktionsweise geprüft haben. Das heißt, Sie dürfen die Ware auspacken und testen. Dazu gehört auch, dass Sie zerlegt gelieferte Möbel aufbauen. Sie müssen dann keinen Wertersatz leisten oder befürchten, dass Ihr Widerrufsrecht wegfällt.

Quelle: https://www.verbraucherzentrale.de/wissen/vertraege-reklamation/kundenrechte/von-widerruf-bis-umtausch-wenn-sie-mit-der-ware-nicht-zufrieden-sind-5117

AUSGANGSSITUATION

Kap 2.6.2

Lernsituation 10

Allgemeine Geschäftsbedingungen

Katrin macht eine Ausbildung zur Bäckereifachverkäuferin. Sie ist im 2. Ausbildungsjahr bei der Bäckerei Ruf in Stuttgart.
Katrin besucht regelmäßig das Fitnesscenter Megafit. Hier kann man neben dem Fitnesstraining auch verschiedene Artikel rund um das Thema Fitness kaufen.

Katrin: Hallo! Nach dem Kurs gestern habe ich bei Ihnen dieses Shiatsu Massagegerät gekauft. Als ich es gestern Abend ausprobieren wollte, ging es nicht.

Verkäuferin: Ach ja, ich erinnere mich an Sie. Vielleicht ist es ja nur eine Kleinigkeit und wir können das Problem hier beheben. Warten Sie mal kurz. Ich zeige das Gerät meinem Kollegen.

Sie nimmt das Gerät aus der Verpackung, geht zur Tür hinaus, kommt nach kurzer Zeit wieder.

Verkäuferin: Tja, wie es aussieht ist es etwas Größeres. Ich muss das Gerät zum Reparieren einschicken. In spätestens 2 Wochen können Sie es dann wieder abholen.

Katrin (verärgert): Sie, das geht nicht! Ich habe das Gerät extra für meine Schwester zum Geburtstag gekauft und der ist morgen und nicht erst in 2 Wochen! Tauschen Sie mir doch einfach mein Gerät gegen ein anderes um.

Verkäuferin: Tut mir leid, das ist nicht möglich. Dort hängen unsere Allgemeinen Geschäftsbedingungen. Sie zeigt auf den AGB-Aushang und liest vor: »Als Gewährleistung für einen mangelhaften Kaufgegenstand kann der Käufer allein Nachbesserung verlangen. Weitergehende Ansprüche können vom Kunden nicht geltend gemacht werden.« Da steht es schwarz auf weiß! Auf die Allgemeinen Geschäftsbedingungen habe ich Sie gestern aufmerksam gemacht, und Sie waren damit auch einverstanden.

Katrin: Wer liest denn schon die Allgemeinen Geschäftsbedingungen? Da hätte ich viel zu tun, wenn ich überall, wo ich einkaufe, das Kleingedruckte durchlesen würde! Sie hören noch von mir!

AUFTRÄGE

1 Nachdem Katrin sich zu Hause etwas beruhigt hat, liest sie die AGBs (▸D1) des Fitnesscenters noch einmal genau durch. Begründen Sie für Katrin anhand des BGB (▸D2),

- was AGBs sind,
- ob die AGBs wirklich Teil des Kaufvertrages geworden sind,
- ob die Regelungen in den AGBs zur Gewährleistung zulässig sind.

2 In der nächsten Zeit hat Katrin immer wieder Probleme mit den AGBs des Fitnesscenters. Überprüfen Sie für Katrin bei den folgenden Fällen jeweils, ob die angeführten AGBs (▸D1) rechtswirksam, d. h., Vertragsbestandteil werden. Begründen Sie eine eventuelle Rechtsunwirksamkeit anhand des Gesetzestextes (▸D2).

Fall	Lösung
Katrin nimmt sich vor, neben dem Training im Fitnesscenter auch zu Hause Sport zu machen. Zu diesem Zweck bestellt sie ein Hantelset im Laden des Fitnesscenters Megafit, der das von ihr gewünschte Modell nicht mehr vorrätig hat. Als nach 4 Wochen die Hanteln immer noch nicht da sind, erkundigt sich Katrin nach dem Liefertermin. Hierzu kann die Verkäuferin keine genauen Angaben machen und verweist nur auf die untenstehenden AGBs, wonach die Lieferung sobald als möglich erfolge. Von einer Fälligkeit der Lieferung könne damit keine Rede sein.	
Das Hantelset wird endlich geliefert. Doch die Zeiten der Entspannung sollen nicht von langer Dauer sein. Ein paar Tage später bekommt Katrin eine Rechnung von dem Fitnessstudio über eine Polar Pulsuhr im Wert von 65,00 EUR. Verärgert ruft Katrin im Studio an. Diese berufen sich jedoch auf die AGBs.	
Katrin bestellt im Laden des Fitnesscenters einen Expander für 25,00 EUR. Als der Expander nach 3 Monaten endlich eintrifft, erklärt das Fitnesscenter, dass sich der Preis inzwischen um 10 % auf 27,50 EUR erhöht hat. Katrin ist verärgert, da sie auf eine mögliche Preiserhöhung nicht hingewiesen wurde.	
Katrin kauft im Fitnessstudio einen Stepper. Im Kaufvertrag wird eine Lieferung frei Haus zu Katrins Wohnung in dem 25 km entfernten Nachbarort vereinbart. Die eintreffende Rechnung weist jedoch Transportkosten in Höhe von 35,00 EUR aus. Als Katrin verärgert im Fitnessstudio anruft, verweist die Kundenberaterin auf die AGBs.	

DATENKRANZ

D1 Auszug aus den Allgemeinen Geschäftsbedingungen

Allgemeine Geschäftsbedingungen des Fitnesscenters Megafit

[...]

Gewährleistung
Als Gewährleistung für einen mangelhaften Kaufgegenstand kann der Käufer allein Nachbesserung verlangen. Weitergehende Ansprüche können vom Kunden nicht geltend gemacht werden.

Lieferfrist
Wir bemühen uns, die vom Kunden bestellten Kaufgegenstände sobald als möglich zu liefern.

Neuer Antrag
Der Käufer eines Hantelsets stellt gleichzeitig den Antrag auf den Kauf einer Polar Pulsuhr.

Vertragsverlängerung
Die Kündigung eines Vertrages muss 6 Wochen vor Ablauf des Vertrages erfolgen. Kündigt der Kunde nicht rechtzeitig, verlängert sich der Vertrag automatisch um 6 Monate.

Transportkosten
Fitnessgeräte werden an Kunden im Einzugsbereich von 10 km ohne Berechnung von Transportkosten geliefert.

Schadenspauschale
Bei jedem Schaden, der an einer vermieteten Fettmesswaage entsteht, wird, ohne dass der Vermieter einen Nachweis zu führen hat, ein Mindestentgelt von 130 € fällig.

Preiserhöhungen
Das Fitnesscenter ist berechtigt, Preiserhöhungen des Herstellers, die sich innerhalb von 3 Monaten nach Abschluss des Kaufvertrages, aber noch vor der Lieferung ergeben, dem Kunden weiter zu berechnen.

[...]

D2 Auszüge aus dem Bürgerlichen Gesetzbuch (BGB)

§ 305 Einbeziehung Allgemeiner Geschäftsbedingungen in den Vertrag
(1) Allgemeine Geschäftsbedingungen sind alle für eine Vielzahl von Verträgen vorformulierten Vertragsbedingungen, die eine Vertragspartei (Verwender) der anderen Vertragspartei bei Abschluss eines Vertrags stellt. Gleichgültig ist, ob die Bestimmungen einen äußerlich gesonderten Bestandteil des Vertrags bilden oder in die Vertragsurkunde selbst aufgenommen werden, welchen Umfang sie haben, in welcher Schriftart sie verfasst sind und welche Form der Vertrag hat. Allgemeine Geschäftsbedingungen liegen nicht vor, soweit die Vertragsbedingungen zwischen den Vertragsparteien im Einzelnen ausgehandelt sind.
(2) Allgemeine Geschäftsbedingungen werden nur dann Bestandteil eines Vertrags, wenn der Verwender bei Vertragsschluss

1. die andere Vertragspartei ausdrücklich oder, wenn ein ausdrücklicher Hinweis wegen der Art des Vertragsschlusses nur unter unverhältnismäßigen Schwierigkeiten möglich ist, durch deutlich sichtbaren Aushang am Ort des Vertragsschlusses auf sie hinweist und
2. der anderen Vertragspartei die Möglichkeit verschafft, in zumutbarer Weise, die auch eine für den Verwender erkennbare körperliche Behinderung der anderen Vertragspartei angemessen berücksichtigt, von ihrem Inhalt Kenntnis zu nehmen,

und wenn die andere Vertragspartei mit ihrer Geltung einverstanden ist.

[...]

§ 305b Vorrang der Individualabrede
Individuelle Vertragsabreden haben Vorrang vor Allgemeinen Geschäftsbedingungen.

§ 305c Überraschende und mehrdeutige Klauseln
(1) Bestimmungen in Allgemeinen Geschäftsbedingungen, die nach den Umständen, insbesondere nach dem äußeren Erscheinungsbild des Vertrags, so ungewöhnlich sind, dass der Vertragspartner des Verwenders mit ihnen nicht zu rechnen braucht, werden nicht Vertragsbestandteil.

[...]

§ 308 Klauselverbote mit Wertungsmöglichkeit
In Allgemeinen Geschäftsbedingungen ist insbesondere unwirksam

1. (Annahme- und Leistungsfrist)
   eine Bestimmung, durch die sich der Verwender unangemessen lange oder nicht hinreichend bestimmte Fristen für die Annahme oder Ablehnung eines Angebots oder die Erbringung einer Leistung vorbehält; [...]
2. (Nachfrist)
   eine Bestimmung, durch die sich der Verwender für die von ihm zu bewirkende Leistung abweichend von Rechtsvorschriften eine unangemessen lange oder nicht hinreichend bestimmte Nachfrist vorbehält;

[...]

§ 309 Klauselverbote ohne Wertungsmöglichkeit
Auch soweit eine Abweichung von den gesetzlichen Vorschriften zulässig ist, ist in Allgemeinen Geschäftsbedingungen unwirksam

1. (Kurzfristige Preiserhöhungen)
   eine Bestimmung, welche die Erhöhung des Entgelts für Waren oder Leistungen vorsieht, die innerhalb von vier Monaten nach Vertragsschluss geliefert oder erbracht werden sollen; dies gilt nicht bei Waren oder Leistungen, die im Rahmen von Dauerschuldverhältnissen geliefert oder erbracht werden;

[...]

8. (Sonstige Haftungsausschlüsse bei Pflichtverletzung)
   a) (Ausschluss des Rechts, sich vom Vertrag zu lösen)
   eine Bestimmung, die bei einer vom Verwender zu vertretenden, nicht in einem Mangel der Kaufsache oder des Werkes bestehenden Pflichtverletzung das Recht des anderen Vertragsteils, sich vom Vertrag zu lösen, ausschließt oder einschränkt; [...]

   b) (Mängel)
   eine Bestimmung, durch die bei Verträgen über Lieferungen neu hergestellter Sachen und über Werkleistungen

   aa) (Ausschluss und Verweisung auf Dritte)
   die Ansprüche gegen den Verwender wegen eines Mangels insgesamt oder bezüglich einzelner Teile ausgeschlossen, auf die Einräumung von Ansprüchen gegen Dritte beschränkt oder von der vorherigen gerichtlichen Inanspruchnahme Dritter abhängig gemacht werden;

   bb) (Beschränkung auf Nacherfüllung)
   die Ansprüche gegen den Verwender insgesamt oder bezüglich einzelner Teile auf ein Recht auf Nacherfüllung beschränkt werden, sofern dem anderen Vertragsteil nicht ausdrücklich das Recht vorbehalten wird, bei Fehlschlagen der Nacherfüllung zu mindern oder, wenn nicht eine Bauleistung Gegenstand der Mängelhaftung ist, nach seiner Wahl vom Vertrag zurückzutreten;

   cc) (Aufwendungen bei Nacherfüllung)
   die Verpflichtung des Verwenders ausgeschlossen oder beschränkt wird, die zum Zwecke der Nacherfüllung erforderlichen Aufwendungen, insbesondere Transport-, Wege-, Arbeits- und Materialkosten, zu tragen oder zu ersetzen;

   [...]

AUSGANGSSITUATION

Kap 2.7.1

Lernsituation **11**

Konditionen von Girokonten

Lars Schmid hat es geschafft. Mit seinem bestandenen Realschulabschluss hat er bei der Elektronik- und Industrieanlagenbau GmbH eine Ausbildungsstelle zum Industriemechatroniker angetreten. Vor seinem Antritt muss er dem Personalbüro neben seinen persönlichen Daten vor allem auch die Daten seines Girokontos nennen, damit das Ausbildungsunternehmen die Ausbildungsvergütung überweisen kann. Bisher hatte Lars nur ein einfaches Schülerkonto bei der Bank seiner Eltern. Er macht sich umgehend auf die Suche nach einem für ihn passenden Girokonto und holt sich dabei auch gleich die dazu notwendigen Informationen.

AUFTRÄGE

1 Lesen Sie sich die Informationen über das Girokonto in ▸D1 durch und klären Sie die folgenden Fragen stichpunktartig:

Was ist ein Girokonto?

____

____

____

____

Wofür benutzt man ein Girokonto?

____

____

____

____

2 Erklären Sie Lars mithilfe der Informationen aus ▸D1 die Fachbegriffe, die mit dem Thema Girokonto zusammenhängen:

IBAN

____

____

____

____

BIC

SEPA-Verfahren

Kontoauszug

3 Lars überlegt sich Kriterien, die für die Auswahl eines Girokontos bei einer Bank wichtig sind. Unterstützen Sie ihn dabei und erstellen Sie eine Liste mit Auswahlkriterien. Vergleichen Sie Ihre gefundenen Kriterien mit denen Ihrer Mitschüler und ergänzen Sie ihre eigene Liste.

Auswahlkriterien für ein Girokonto	persönliche Auswahl	Rangfolge

▶

Auswahlkriterien für ein Girokonto	persönliche Auswahl	Rangfolge

4 Wählen Sie zehn Auswahlkriterien und bringen Sie diese in eine persönliche Rangfolge (Tabelle oben).

5 Eine Internetseite vergleicht Girokonten von verschiedenen Anbietern (▶D2). Wählen sie aus diesem Girokontovergleich drei Anbieter, die für Sie in die engere Wahl kommen, weil sie Ihren persönlichen Kriterien entsprechen. Entscheiden Sie sich begründet für einen Anbieter, bei dem Sie Ihr Girokonto eröffnen würden.

____

____

____

DATENKRANZ

D1 Informationen zum Thema Girokonto

Was ist ein Girokonto?

Sie haben sich schon immer gefragt »Was ist ein Girokonto?«. Wir klären dies im folgenden Text auf. Der Begriff Giro kommt aus dem Italienischen und bedeutet so viel wie Drehung, Kreis, Umlauf. Auf einem Girokonto findet immer ein entsprechender Kreislauf statt, weshalb diese Begriffe sehr gut zutreffen. Es wird Geld auf das Girokonto gutgeschrieben sowie abgebucht. Ein Girokonto besteht aus einer Kontonummer sowie der Bankleitzahl der jeweiligen Bank. Die Bankleitzahl unterscheidet sich je nach Bank und ist einzigartig. Die Kontonummer sowie Bankleitzahl bilden eine einzigartige Kombination, bei einer Transaktion kann somit keine Verwechslung entstehen. Treten trotzdem Komplikationen auf, wird zusätzlich noch der Name verglichen.

Der Zweck eines Girokontos ist es, den täglichen Zahlungsverkehr zu meistern. Es bietet dem Kunden die Möglichkeit, Geld auf dem Konto einzuzahlen sowie abzuheben. Dies kann mithilfe einer Einzahlung am Bankschalter oder am Automaten geschehen. Neben der persönlichen Einzahlung kann man das Geld auch per Überweisung von einer anderen Person erhalten. Das klassische Beispiel dazu wäre wohl die Gutschrift des Gehalts am Monatsende. Wer eine Überweisung durchführen möchte, benötigt den Namen, die IBAN (International Bank Account Number), sowie den Namen der Bank. Für Auslandsüberweisungen wird zusätzlich der BIC (Business Identifier Code) benötigt. Sind diese Daten vollständig, kann die Überweisung durchgeführt werden. Eine Überweisung hat in der Regel eine Banklaufzeit von ein bis drei Bankarbeitstagen, bis das Geld auf dem Konto des Begünstigten eingetroffen ist.

Muss man Rechnungen bezahlen oder möchte man etwas kaufen, geschieht dies entweder durch eine Bargeldabhebung am Geldautomaten, der Bezahlung per EC-Karte im Geschäft oder der Bezahlung per Überweisung/Lastschrift. Bei einer Bargeldabhebung am Geldautomaten werden die EC-Karte und eine PIN benötigt. Die PIN (Persönliche Identifikationsnummer) wird benötigt, um einem Missbrauch der EC-Karte vorzubeugen. Diese Geheimzahl sollte deshalb nur dem Kontoinhaber bekannt sein, um bei einem Kartenverlust keine bösen Überraschungen zu erleben. Wer etwas online kaufen möchte, bezahlt dort meist per Überweisung oder Lastschrift.

Fast jeder bietet heutzutage die Bezahlung per EC-Karte an. Wer dennoch bar bezahlen möchte, muss sein Geld am nächsten Geldautomaten von seinem Girokonto abheben. Ein Onlinekauf ohne Girokonto ist kaum noch möglich. Aus dem täglichen Geschäftsleben ist ein Girokonto deshalb nicht mehr wegzudenken.

Die meisten Bundesbürger eröffnen heutzutage ihr erstes Girokonto bereits mit Zustimmung ihrer Erziehungsberechtigten ab dem 14. Lebensjahr. Neben dem Taschengeld lassen sich darauf auch Einnahmen aus kleineren Minijobs einzahlen. Im Fachjargon wird das Girokonto auch als Zahlungsverkehrskonto bezeichnet. Der Name steht zu Recht, denn auf einem Girokonto findet der gesamte Zahlungsverkehr statt. Das beginnt zum einen bei den Zahlungseingängen (Gehalt, Kindergeld) und geht weiter zu den Zahlungsausgängen (Miete, Telefon, Strom). Neben dem Überweisungsverkehr (das Bezahlen von Rechnungen) dient das Girokonto gleichzeitig auch als Basisinstrument für den gesamten bargeldlosen Zahlungsverkehr ([Bargeld-]Verfügungen mittels Maestro-/EC- oder Kreditkarte).

Der Vorteil eines Girokontos ist unter anderem die bargeldlose Abwicklung des Zahlungsverkehrs. Das bedeutet, Sie müssen beispielsweise nicht jeden Monat persönlich zu Ihrem Vermieter gehen und dort die Miete in bar bezahlen. Mit einem Girokonto können Sie die Miete bequem per Überweisung an das Girokonto des Vermieters senden. Eine Überweisung ermöglicht Ihnen, Geld von einem Girokonto an ein anderes Girokonto zu senden.

Wofür benutzt man ein Girokonto?

Für regelmäßige Zahlungen von einem Girokonto kann man einen Dauerauftrag einrichten. Ein Dauerauftrag ist eine Überweisung, die regelmäßig zu einem festgelegten Zeitpunkt an ein bestimmtes Girokonto versandt wird. Besonders sinnvoll sind Daueraufträge unter anderem bei Mietzahlungen.

Eine andere Möglichkeit regelmäßige Zahlungen von einem Girokonto abzuwickeln, ist die Erteilung einer Lastschriftvereinbarung. Mit einer Lastschriftvereinbarung kann man bestimmte Unternehmen berechtigen, Geld automatisch vom eigenen Girokonto abzubuchen. Das ist besonders sinnvoll bei regelmäßigen Zahlungen, welche einen unterschiedlichen Rechnungsbetrag haben z. B. Handyrechnung.

Zu einem Girokonto erhält man auch eine EC-Karte. Mit einer EC-Karte kann man am Geldautomaten Bargeld von seinem Girokonto abheben. Auch das Einzahlen von Bargeld auf das eigene Girokonto an einem Einzahlautomaten ist mit einer EC-Karte möglich. Zusätzlich kann man mit einer EC-Karte in Geschäften bargeldlos zahlen.

Sie benutzen Ihr Girokonto für alle Ihre Geldgeschäfte. Geldgeschäfte sind zum Beispiel:

- Sie bezahlen die Miete für Ihre Wohnung.
- Ihr Arbeitgeber bezahlt Ihnen das Gehalt für Ihre Arbeit.
- Sie bezahlen eine Handwerkerrechnung.

Sie machen diese Zahlungen bargeldlos mit dem Girokonto. Das bedeutet: Sie benutzen dafür keine Geldscheine oder Münzen. Wenn Sie etwas bargeldlos mit Ihrem Girokonto bezahlen, nennt man das überweisen.

Für Ihr Girokonto sind zwei Informationen sehr wichtig: die IBAN und der BIC.

Was ist die IBAN?

Die IBAN ist Ihre Kontonummer, International Bank Account Number. Das bedeutet: Sie müssen die IBAN-Kontonummer für alle Überweisungen nutzen. Die IBAN-Kontonummer gilt für Überweisungen in Deutschland und in das Ausland. Das »I« steht für international.

Was ist der BIC?

BIC ist Ihre Bankleitzahl, Business Identifier Code. Der BIC gilt in allen Ländern der Welt, also international. Mit dem BIC weiß man, bei welcher Bank ein Konto ist. Wenn Sie Geld auf ein Konto bei einer Bank in Deutschland überweisen, brauchen Sie den BIC dafür nicht.

Was ist das SEPA-Verfahren?

Mit dem SEPA-Verfahren werden Bankgeschäfte in Europa einfacher und sicherer.

SEPA ist die Abkürzung für Single Euro Payments Area, zu deutsch: einheitlicher Euro-Zahlungsverkehrsraum.
36 Länder aus Europa machen beim SEPA-Verfahren mit. Das SEPA-Verfahren gilt seit dem 1. Februar 2014.

Für das SEPA-Verfahren müssen Sie immer Ihre internationale Kontonummer nutzen: die IBAN. Und für Überweisungen ins Ausland: auch noch den BIC, die internationale Bankleitzahl.

Was ist ein Kontoauszug?

Ein Kontoauszug ist eine Übersicht Ihrer Einnahmen und Ausgaben. Die Einnahmen und Ausgaben werden auf Ihrem Girokonto verbucht. Auf Ihrem Kontoauszug sehen Sie genau, welche Ausgaben Sie hatten.
Auf dem Kontoauszug sehen Sie,

- wie viel Geld, an welche Person oder Firma, wann und wofür

Sie überwiesen haben.

Auf Ihrem Kontoauszug sehen Sie auch, welche Einnahmen Sie hatten.

Auf dem Kontoauszug sehen Sie,

- wie viel Geld, von welcher Person oder Firma, wann und wofür

auf Ihr Girokonto überwiesen wurde. Auf Ihrem Kontoauszug sehen Sie auch immer, wie viel Geld gerade auf Ihrem Girokonto ist.

Quellen:
https://www.sparkasse.de/service/barrierefrei/leichte-sprache/sparkassen-girokonto.html (ergänzt und abgeändert)
http://www.konto.org/ratgeber/girokonto/allgemeines/was-ist-ein-girokonto/ (ergänzt und abgeändert)
http://www.geldanlage-portal24.de/was-ist-ein-girokonto/
http://www.bankhelfer.de/was-ist-ein-girokonto/ (ergänzt und abgeändert)

D2 Girokontenvergleich verschiedener Anbieter

Anbieter:	Bank 1	
Zinsen	**Kreditkarte**	**Vor-/Nachteile**
Dispo:	**Art:**	**Vorteile:**
6,99 %	VISA	▪ 50,00 EUR Gutschrift ▪ kostenlose Kreditkarte (VISA) ▪ Reiseschecks ▪ kostenloses Tagesgeld-konto inklusive ▪ Überweisungsträger und Rechnungen per Handy-Foto bezahlen ▪ gebührenfrei Bargeld abheben (nur) in allen EUR-Ländern mit der VISA-Karte
Giro:	**Kosten:**	**Nachteile:**
0,00 %	0,00 EUR	▪ Gebühren bei Abheben von Fremdwährungen ▪ als Direktbank kein Filialnetz
Tagesgeld:	**Sonstiges:**	
1,00 % (für die ersten 4 Monate), sonst 0,35–0,05 %	–	

Anbieter:	Bank 2	
Zinsen	**Kreditkarte**	**Vor-/Nachteile**
Dispo:	**Art:**	**Vorteile:**
6,90 %	VISA	▪ niedriger Dispozinssatz ▪ verzinstes Guthaben (VISA) ▪ keine Grundgebühr, ohne Mindestgeldein-gang ▪ Kreditkarte kostenlos, weltweit kostenfrei an Automaten Bargeld abheben ▪ Video-Ident-Verfahren möglich ▪ Kontoumzug-Service
Giro:	**Kosten:**	**Nachteile:**
0,00 %	0,00 EUR	▪ kaum Filialen ▪ Überweisungen, Last-schriften und Dauer-aufträge nur online gebührenfrei
Tagesgeld:	**Sonstiges:**	
0,40 %	–	

Anbieter:	Bank 3	
Zinsen	**Kreditkarte**	**Vor-/Nachteile**
Dispo:	**Art:**	**Vorteile:**
7,49 %	Maestro-Card und VISA Vario-Card	▪ jährlicher Bonus bis 100,00 EUR ▪ Guthabenverzinsung ▪ gute Dispozinsen
Giro:	**Kosten:**	**Nachteile:**
0,10 %	keine	▪ Prämie jährlich, aber nur unter zahlreichen Voraussetzungen ▪ »nur« 320 Filialen in Deutschland
Tagesgeld:	**Sonstiges:**	
0,25–0,01 %	–	

Anbieter:	Bank 4	
Zinsen	**Kreditkarte**	**Vor-/Nachteile**
Dispo:	**Art:**	**Vorteile:**
7,43 %	VISA	▪ beste Banking-App ▪ 120,00 EUR-Gutschrift ▪ kostenlose Kreditkarte ▪ in Sparkassen kostenlos Geld abheben ▪ kostenloser digitaler Kontowechsel ▪ kostenlose Kontofüh-rung bei mind. einer Gutschrift pro Monat – egal wie hoch
Giro:	**Kosten:**	**Nachteile:**
keine Anga-ben	29,90 EUR/ Jahr	▪ Kreditkarte ab 4.000,00 EUR Jah-resumsatz kostenlos ▪ bei keinem Geldeingang im Monat Gebühren von 3,90 EUR ▪ kein Filialnetz
Tagesgeld:	**Sonstiges:**	
0,30–0,05 %	Rückerstat-tung der Ge-bühr ab 4.000,00 EUR Jahres-umsatz	

Anbieter:	Bank 5	
Zinsen	**Kreditkarte**	**Vor-/Nachteile**
Dispo:	**Art:**	**Vorteile:**
7,98 %	VISA	▪ ideal für Aktienhandel ▪ für fast alle Kartenzahlungen 10 Cent Gutschrift ▪ bei Gehaltseingang 50,00 EUR Prämie ▪ keine Grundgebühr ▪ kostenlose VISA-Card ▪ Online-Finanzplaner ▪ mit VISA-Kreditkarte kostenlos Geld abheben
Giro:	**Kosten:**	**Nachteile:**
keine Angaben	keine	▪ Überweisungen, Lastschriften und Daueraufträge nur online gebührenfrei ▪ keine Filialen
Tagesgeld:	**Sonstiges:**	
1,00 % für Neukunden bis 25.000,00 EUR, ansonsten 0,05 %	–	

Anbieter:	Bank 6	
Zinsen	**Kreditkarte**	**Vor-/Nachteile**
Dispo:	**Art:**	**Vorteile:**
8,95 %	VISA	▪ Smartphone-App ▪ kostenlose Anlagemöglichkeit integriert ▪ keine Kontoführungsgebühr ▪ kostenlose Kreditkarte (VISA) ▪ Zufriedenheitsgarantie ▪ Wunsch-PIN für die VISA-Karte ▪ SmartPAY-App
Giro:	**Kosten:**	**Nachteile:**
0,00 %	keine	▪ kostenloses Geldabheben nur in der eigenen Bankgruppe ▪ kostenlose Kreditkarte nur bei ausreichender Bonität ▪ kein Filialnetz
Tagesgeld:	**Sonstiges:**	
0,01 % bis 50.000 EUR	–	

Anbieter:	Bank 7	
Zinsen	**Kreditkarte**	**Vor-/Nachteile**
Dispo:	**Art:**	**Vorteile:**
10,85 %	Mastercard	▪ kostenlose Kreditkarte und überall kostenlos Bargeld abheben ▪ Guthabenzinsen (Tagesgeld) ▪ Wunsch-Pin
Giro:	**Kosten:**	**Nachteile:**
0,00 %	0,00 EUR	▪ hoher Dispositionszinssatz ▪ kein Filialnetz
Tagesgeld:	**Sonstiges:**	
0,10 %	–	

Anbieter:	Bank 8	
Zinsen	**Kreditkarte**	**Vor-/Nachteile**
Dispo:	**Art:**	**Vorteile:**
6,13 %	SmartCard: 2 Geldabhebungen im Monat kostenlos, danach 2,00 EUR je Abhebung, bei keiner Abhebung Bonus von 2,00 EUR, bei einer Abhebung 1,00 EUR Bonus	▪ super günstiger Dispozinssatz ▪ Mobile Banking ▪ SmartCard ist eine Kombination aus Kreditkarte, Girokarte und kontaktloser Bezahlung.
Giro:	**Kosten:**	**Nachteile:**
0,00 %	–	▪ keine Filialen ▪ »Nur« 2 Geldabhebungen im Monat sind kostenlos.
Tagesgeld:	**Sonstiges:**	
0,00 %	–	

Anbieter:	Bank 9	
Zinsen	**Kreditkarte**	**Vor-/Nachteile**
Dispo:	**Art:**	**Vorteile:**
8,90 %	Mastercard	▪ alles grundsätzlich kostenlos ▪ kostenlose Kreditkarte ohne Kreditgebühren ▪ weltweit gebührenfrei Bargeld abheben ▪ Überweisung in 19 Fremdwährungen ▪ übersichtliche und innovative Banking-App ▪ Kontowechselservice mit einfachem Smartphone-Video-Ident-Verfahren
Giro:	**Kosten:**	**Nachteile:**
0,00 %	keine	▪ kostenfrei abheben nur an Mastercard-Bankautomaten möglich. ▪ keine Filialen ▪ Nutzung nur mit Smartphone möglich.
Tagesgeld:	**Sonstiges:**	
–	–	

Anbieter:	Bank 10	
Zinsen	**Kreditkarte**	**Vor-/Nachteile**
Dispo:	**Art:**	**Vorteile:**
10,87 %	VISA	▪ 100,00 EUR Bonus ▪ kostenlsoe VISA-Kreditkarte ▪ mobile Banking-App ▪ 0,00 EUR Kontoführungsgebühr
Giro:	**Kosten:**	**Nachteile:**
0,00 %	kostenlos im 1. Jahr, dann 19,00 EUR/Jahr	▪ kostenlos Bargeld abheben auf 24-mal im Jahr beschränkt ▪ hoher Dispositionszinssatz ▪ kein Filialnetz vorhanden
Tagesgeld:	**Sonstiges:**	
0,05 %	Rückerstattung der Gebühr ab 2.000,00 EUR Jahresumsatz, nur 24-maliges kostenloses Abheben im Jahr	

Anbieter:	Bank 11	
Zinsen	**Kreditkarte**	**Vor-/Nachteile**
Dispo:	**Art:**	**Vorteile:**
8,00 %	Mastercard	▪ 25,00 EUR Startguthaben ▪ Rabatt auf Zeitschriften-Abos ▪ Tagesgeldkonto inklusive ▪ kostenlose Kontoführung ▪ vertretbarer Dispositionszinssatz ▪ kostenlose Kreditkarte

Anbieter:	Bank 12	
Zinsen	**Kreditkarte**	**Vor-/Nachteile**
Dispo:	**Art:**	**Vorteile:**
7,34 %	ClassicCard GoldCard	▪ kostenlose Kontoführung ▪ kostenfreies Bargeld an über 19.000 Bankautomaten ▪ guter Dispozinssatz ▪ bis zu 50,00 EUR Supermarkt-Einkaufsbonus jährlich möglich ▪ frei wählbaren PIN ▪ gut erreichbar und kompetente Telefonberatung

Giro:	Kosten:	Nachteile:
0,00 %	keine	▪ Kreditkarte nur bei monatlichem Einkommenseingang kostenlos ▪ Kreditkarte ab dem 2. Jahr 20,00 EUR/Jahr ▪ nur 5 Mal pro Monat kostenlos Geld abheben, danach 2 % Gebühren ▪ keine eigenen Filialen
Tagesgeld:	**Sonstiges:**	
0,01 %	bei monatlichem Einkommenseingang	

Giro:	Kosten:	Nachteile:
0,00 %	10,00 EUR/Jahr 25,00 EUR/Jahr	▪ keine kostenlose Kreditkarte ▪ Konto muss als Gehaltskonto genutzt werden ▪ keine Filialen
Tagesgeld:	**Sonstiges:**	
0,05 %	–	

Anbieter:	Bank 13	
Zinsen	**Kreditkarte**	**Vor-/Nachteile**
Dispo:	**Art:**	**Vorteile:**
5,69–7,69 %	Mastercard VISA	▪ kostenlose Kontoführung ▪ kostenlose Bargeldversorgung (alle Geldautomaten der Volks- und Raiffeisenbanken) ▪ Onlinekommunikation mit dem Kundenberater möglich ▪ kostenfreies Mobile Banking ▪ akzeptabler Dispozinssatz
Giro:	**Kosten:**	**Nachteile:**
0,00 %	15,00 EUR/Jahr	▪ Kreditkarte nur mit Jahresgebühr ▪ VR-BankCard (Girocard kostet 5,00 EUR/Jahr) ▪ keine Filialen
Tagesgeld:	**Sonstiges:**	
0,02 %	–	

Anbieter:	Bank 14	
Zinsen	**Kreditkarte**	**Vor-/Nachteile**
Dispo:	**Art:**	**Vorteile:**
7,00 %	VISA ClassicCard GoldCard	▪ kostenlos Bargeld an 19.800 Geldautomaten des BankCard-Service-Netzes (Volksbanken, Raiffeisenbanken) ▪ niedriger Dispozinssatz ▪ Kreditkartengebühr kann mit Jahresumsatz abgegolten werden
Giro:	**Kosten:**	**Nachteile:**
0,00 %	Keine (Altersgrenze bis 23 Jahre, danach 20,00 EUR/Jahr) 20,00 EUR/Jahr 65,00 EUR/Jahr	▪ Kosten pro beleghafter Überweisung/Scheckeinreichung/Spende 1,00 EUR ▪ Gebühr Girocard 6,00 EUR/Jahr ▪ Bargeldverfügung nicht weltweit kostenlos ▪ nur 16 Filialen bundesweit
Tagesgeld:	**Sonstiges:**	
–	–	

Kap 2.7.2

Lernsituation 12

Formen des Zahlungsverkehrs – Barzahlung und Überweisung

Nachdem Lars Schmid ein passendes Girokonto für sich gefunden hat, ist er nun in der Lage, verschiedene Zahlungsvorgänge entweder bar oder unbar abzuwickeln. In den Medien liest er immer wieder Meldungen, dass daran gedacht wird, das Bargeld abzuschaffen. Ihm selbst ist gar nicht bewusst, ob er mehr Zahlungsvorgänge mit Bargeld oder mithilfe seines Girokontos durchführt.

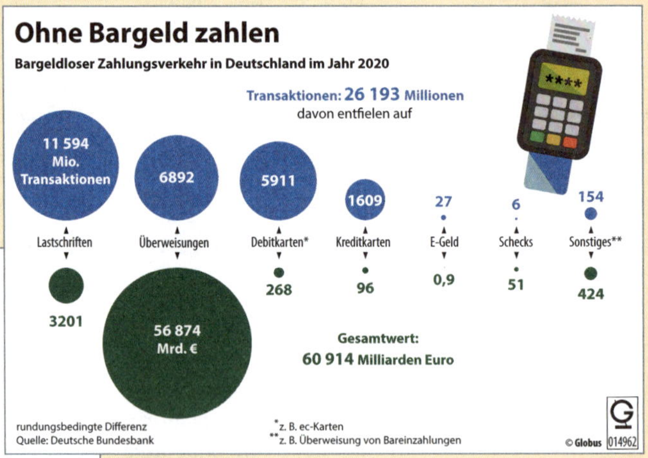

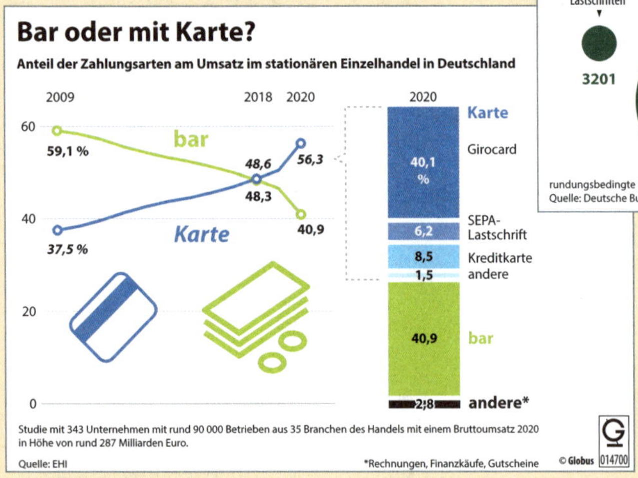

AUFTRÄGE

1 Lars möchte sich einen Überblick über seine Zahlungsgewohnheiten verschaffen. Nehmen Sie die Position von Lars ein und listen Sie für den vergangenen Monat alle Zahlungsvorgänge auf, die Sie im Einzelhandel durchgeführt haben (stationär und im Internet). Fassen Sie danach gleichartige Zahlungsarten zu einem Betrag zusammen. Setzen Sie die Gesamtsumme Ihrer Ausgaben als 100 % und bestimmen Sie für die jeweiligen Zahlungsarten den prozentualen Anteil an der Gesamtsumme. Vergleichen Sie Ihr Ergebnis mit den im Schaubild »Bar oder mit Karte« dargestellten Zahlungsarten. Beurteilen Sie, ob Sie dem Durchschnitt der Werte im Schaubild entsprechen oder ob Sie davon abweichen.

▶

2 Notieren Sie für Lars Argumente für und gegen das Bargeld. Im Anschluss lesen Sie die Informationen in ▶D1 durch und ergänzen die gefundenen Argumente.

pro Bargeld	contra Bargeld

▶

pro Bargeld	contra Bargeld

3 Nachdem Lars seine Zahlungsarten beschrieben und anteilig berechnet hat, soll er das Schaubild »Bar oder mit Karte« beschreiben und interpretieren. Beschreiben und interpretieren Sie das abgebildete Schaubild »Bar oder mit Karte«. Hilfen und Vorgehensweisen finden Sie im Methodenblatt »Schaubild interpretieren« (▶M12, Seite 131).

4 Lars Schmid kauft sich am 5. August 20... in dem Fachgeschäft für Berufskleidung »Berufskleidung TOP GmbH« in Karlsruhe eine Arbeitshose für 29,74 EUR und eine Arbeitsjacke für 61,90 EUR. Er bezahlt beide Teile bar. Weil sein Ausbildungsunternehmen ihm den vollen Betrag des Preises als Ausbildungsunterstützung erstatten möchte, muss er nachweisen, dass er die Arbeitskleidung tatsächlich auch bezahlt hat. Er lässt sich vom Fachgeschäft eine Quittung ausstellen.

Erklären Sie Lars mithilfe der Informationen in ▶D2, was eine Quittung ist. Benennen Sie die Bestandteile des abgebildeten Quittungsformulares. Füllen Sie das Quittungsformular vollständig und korrekt für den Einkauf von Lars Schmid aus. Fehlende Angaben ergänzen Sie selbstständig.

Quittung

Bestandteile und Ausfüllen der Quittung

Quittung		6a Netto EUR, Cent	
Nr.		6b + % USt.	
		5a Gesamt EUR, Cent	
5b EUR in Worten Cent wie oben			
3 von			
4 für			
1a Ort		1b Datum	
Buchungsvermerke		2 Stempel/Unterschrift	

▶

1a, 1b	
2	
3	
4	
5a, 5b	
6a, 6b	

5 Lars Schmid, wohnhaft im Elfenweg 11 in 76127 Karlsruhe, benötigt für seine Ausbildung verschiedene Lehrbücher. Er hat sich fünf Titel im Gesamtwert von 108,40 EUR beim Onlinehändler Books-Total AG mit Sitz in 6002 Luzern, Schwanenplatz 18, IBAN CH09 0843 9016 9701 1420 80 und BIC MIGRCHZ-Z80A gekauft, die auch mit Rechnung geliefert wurden. Das Rechnungsdatum ist der 23. September 20.., die Rechnungsnummer ist die 67552, seine Kundennummer lautet: LS 34445-22, seine Bank ist die Sparkasse Karlsruhe, seine IBAN lautet DE33 6605 0101 0009 0012 72 und die BIC ist die KARSDE66XXX.

5 1 Lars besorgt sich ein SEPA-Überweisungsformular und tätigt eine Überweisung. Erklären Sie mithilfe der Informationen in ▶D2, was sich hinter der Abkürzung »SEPA« verbirgt.

____

____

____

5 2 Erklären Sie Lars, wie eine SEPA-Überweisung abläuft. (▶D3)

____

____

____

____

5 3 Benennen Sie die Bestandteile des abgebildeten SEPA-Überweisungsformulares und füllen Sie dieses vollständig und korrekt für Lars Schmid aus. Fehlende Angaben ergänzen Sie selbstständig. (▶D3)

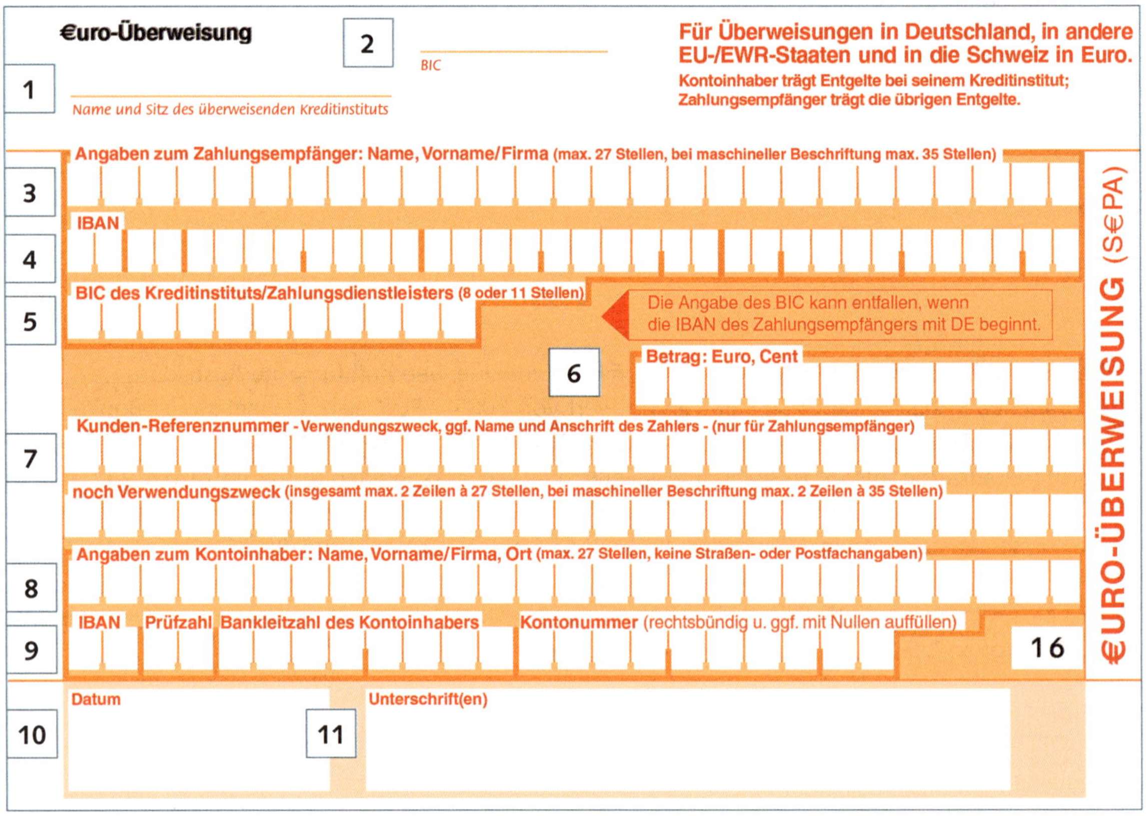

€uro-Überweisung

Name und Sitz des überweisenden Kreditinstituts

BIC

Für Überweisungen in Deutschland, in andere EU-/EWR-Staaten und in die Schweiz in Euro.

Kontoinhaber trägt Entgelte bei seinem Kreditinstitut; Zahlungsempfänger trägt die übrigen Entgelte.

Angaben zum Zahlungsempfänger: Name, Vorname/Firma (max. 27 Stellen, bei maschineller Beschriftung max. 35 Stellen)

IBAN

BIC des Kreditinstituts/Zahlungsdienstleisters (8 oder 11 Stellen)

Die Angabe des BIC kann entfallen, wenn die IBAN des Zahlungsempfängers mit DE beginnt.

Betrag: Euro, Cent

Kunden-Referenznummer - Verwendungszweck, ggf. Name und Anschrift des Zahlers - (nur für Zahlungsempfänger)

noch Verwendungszweck (insgesamt max. 2 Zeilen à 27 Stellen, bei maschineller Beschriftung max. 2 Zeilen à 35 Stellen)

Angaben zum Kontoinhaber: Name, Vorname/Firma, Ort (max. 27 Stellen, keine Straßen- oder Postfachangaben)

IBAN | Prüfzahl | Bankleitzahl des Kontoinhabers | Kontonummer (rechtsbündig u. ggf. mit Nullen auffüllen)

16

Datum

Unterschrift(en)

€URO-ÜBERWEISUNG (S€PA)

1 2 3 4 5 6 7 8 9 10 11

1		7	
2		8	
3		9	
4		10	
5		11	
6			

6 Seit Lars Schmid seine Ausbildung begonnen hatte, musste er vermehrt Rechnungen bezahlen. Das ständige Ausfüllen der Überweisungsträger wird ihm lästig. Er weiß von der Möglichkeit, Onlinebanking zu machen.

6 1 Sollten Sie selbst kein Onlinebanking betreiben, lassen Sie sich von Mitschülern berichten, wie der Zugang zum Onlinebanking funktioniert.

____

____

____

6 2 Nennen Sie wesentliche Bankgeschäfte, die unabhängig von der Öffnungszeit des eigenen Kreditinstitutes möglich sind.

DATENKRANZ

D1 Pro und Contra Bargeld

Bargeld ist geprägte Freiheit

Profitieren würden von einer Abschaffung des Bargelds vor allem die Banken – die Bürger würden dagegen wieder ein Stück mehr überwacht. Die Argumente gegen Scheine und Münzen sind schwach. Das Bargeld abzuschaffen, wäre vor allem anmaßend.

Kommentar von Marc Beise

Bares, zumal Münzen, kann lästig sein, besonders für Männer. Bargeld beult die Brieftasche aus, weshalb mancher darauf verzichtet und sich das Geld in die Hosentasche steckt, aus der es dann beim Sitzen unbemerkt herausfällt. Bündel Scheine wiederum werden mitunter im Hemd oder in der Jackentasche verstaut, was bei Gebrauch rasch ein wenig halbseiden aussieht.

Dagegen stehen die Segnungen der Elektronik: Die EC- oder Kreditkarte trägt kaum auf und erfordert kein Wechselgeld, sie ist einfach nur praktisch. Amerika-Reisende schätzen die schöne neue Welt, in der man klaglos kleinste Beträge im Schnellimbiss mit Karte bezahlen kann. Und weil die Systeme immer besser, das Angebot breiter und die Menschen bequemer werden, ist das Bargeld weltweit auf dem Rückzug.

Der Kampf gegen das Bargeld wird schärfer

In zehn Jahren, hat kürzlich der Chef der Deutschen Bank gesagt, werde es wahrscheinlich kein Bargeld mehr geben. Immer mehr Experten sprechen vom Ende des Bargelds, in immer mehr Ländern gerät Geld aus der Mode, zum Beispiel in Dänemark.

Noch aber ist dieser Trend in Deutschland nicht angekommen, im Gegenteil wollen die meisten Bürger aufs Bare nicht verzichten – weshalb dessen Gegner nun aufrüsten. Der Kampf gegen das Bargeld nimmt an Schärfe zu, er wird verdächtigerweise sehr einträchtig geführt von Geschäftsbankern, Notenbankern und jetzt auch von Politikern. Letztere wollen eine Obergrenze für Bargeschäfte einführen, um dem weltweiten Terror das Handwerk zu legen, und der internationalen Mafia gleich mit, von Drogenhandel und Schwarzarbeit ganz zu schweigen. 5.000 Euro könnte sich die Bundesregierung als den Zahlbetrag vorstellen, von dem an man sich strafbar machte, wie oft trägt man so viel Geld mit sich herum?

Bundesregierung will Bargeld-Limit von 5.000 Euro

Einen Gebrauchtwagen kaufen? Die Ferienwohnung bezahlen? Das soll nur noch bargeldlos gehen. Kritiker sagen: »Bargeld ist gelebte Freiheit.« Es geht um Kontrolle und um Anmaßung.

Nur: Glaubt jemand ernsthaft, man würde Kriminalität verhindern können, wenn man größere Bargeldsummen verbietet? Bargeld ist eine relativ neue Sache. Kriminalität ist uralt. Und läuft da nicht längst ganz viel im Netz? Nicht sehr stichhaltig sind auch die Argumente der Banken. Für sie wird das Geschäft einfacher ohne Bargeld, effizienter, lukrativer. Die Notenbanken wollen bei Bedarf die Bürger zum Geldausgeben anhalten, indem sie bei Bedarf Strafzinsen berechnen für die, welche ihr Geld horten. Gibt es noch Bargeld, kann man dem ausweichen, indem man einfach Geld abhebt. Alle diese Bemühungen gegen das Bargeld haben einen gemeinsamen Nenner: Es geht um Kontrolle – und um Anmaßung.

Jenseits von 5.000 Euro, sagen SPD-Politiker, gebe es keinen »plausiblen, legalen« Grund mehr, Geschäfte mit Bargeld abwickeln zu wollen – gut, dass die SPD das so genau weiß. Der Bürger braucht aber keinen Grund, mit viel oder wenig Bargeld zu bezahlen, er muss sich nicht rechtfertigen. Was er mit seinem Geld macht, geht zunächst niemanden etwas an, keinen Staat und auch keine Bank. Bargeld ist, ein Wort des Russen Fjodor Dostojewski abgewandelt, geprägte Freiheit. Man kann auch sagen: gelebter Datenschutz. Wenn das Bargeld abgeschafft wird, ist Big Brother nicht weit.

Die Deutschen haben im Laufe der Geschichte mehrfach die Bedeutung von Bargeld erlebt, im Guten wie im Schlechten. In des Volkes Erinnerung ist die Hyperinflation der Weimarer Republik, als im Dezember 1923 in Berlin ein Liter Milch 360 Milliarden Reichsmark kostete. Beinahe wertloses Papiergeld, nicht schön anzusehen, unpraktisch, aber ein Hinweis auf das, was schief lief. Oder die Währungsreform vom 20. Juni 1948, als jeder Bürger zunächst 40 D-Mark »Kopfgeld« erhielt und damit das Wirtschaftswunder startete. Das Begrüßungsgeld 1989, als jeder Ostdeutsche sich im Westen 100 Mark bar auf die Hand abholen konnte: geprägte Freiheit eben. Den Tausch Mark gegen Euro, verkörpert in den Starterkits im Dezember 2001 mit 20 Euro-Münzen. Das waren im Wortsinne handgreifliche Erfahrungen. All das soll nun anonym im Netz verschwinden?

»Wer das Bargeld abschafft, schafft die Freiheit ab«, sagt der Dichter Hans Magnus Enzensberger. In einer reglementierten Welt ist die beliebige Verfügbarkeit von Bargeld eine der letzten Nischen der Freiheit. Sie sollen bewahrt werden. Rettet das Bargeld!

Quelle: http://www.sueddeutsche.de/geld/bezahlen-bargeld-ist-gepraegte-freiheit-1.2847157

Warum die Deutschen ihr Bargeld so lieben

103,00 Euro tragen die Menschen in Deutschland im Schnitt im Geldbeutel mit sich herum, hat die Bundesbank herausgefunden. Warum bloß, fragen manche. Schließlich ist es in anderen Ländern längst üblich, viele Geschäfte des täglichen Lebens mit Karte oder mit dem Smartphone zu zahlen. Auch an der Ladentheke würde es ohne Bargeld schneller gehen. Doch viele Deutsche sind vorsichtig, wenn es um das eigene Geld geht. Laut der Bundesbank bezahlen die Verbraucher hierzulande 79 Prozent ihrer Transaktionen bar. Vor allem bei kleinen, alltäglichen Einkäufen zücken die Konsumenten weiterhin ihr Portemonnaie.

Die Vorteile

Wer sein verfügbares Geld nur bar ausgibt, hat das Gefühl, seine Ausgaben besser im Griff zu haben. Bei einer Umfrage des Forschungsinstituts Yougov meinten drei von vier Befragten, mit Bargeld behielten sie besser die Übersicht über die eigenen Finanzen. Außerdem setzen sich Barzahler ein psychologisches Limit: Wenn der Geldbeutel leer ist, steigt die Hemmschwelle für weitere Anschaffungen.

Außerdem sagten in der Yougov-Studie 72 Prozent der Befragten, sie hielten Bargeld grundsätzlich für sicherer als die Kartenzahlung. Zwar haben in diesem Jahr deutlich weniger Kriminelle die Technik manipuliert, um Kartendaten und Geheimnummern der Zahlenden auszuspähen; gerade die Kassenterminals der Läden und Geschäfte sind sicherer geworden.

Dennoch hinterlässt der Kunde bei jeder elektronischen Zahlung auch Daten. Bei einer gemeinsamen Kontoführung kann beispielsweise der Ehepartner auf dem Kontoauszug nachlesen, wie teuer das Geschenk des jeweils anderen in der Anschaffung war. Und bei Zahlungsapps besteht die Gefahr, dass die Betreiber das Kaufverhalten und die Kontobewegungen des Kunden analysieren könnten.

Im Gegensatz dazu schützen Barzahlungen die Privatsphäre, sagt Bundesbank-Vorstand Carl-Ludwig Thiele: »Dass davon auch weniger rechtschaffene Personen profitieren, ist kein Grund, die ehrlichen Bürgerinnen und Bürger immer gläserner werden zu lassen.«

Ganz nebenbei ermöglicht das Bargeld manch spontane gute Tat. Die Spendenbüchse in der Fußgängerzone bliebe ohne Münzen und Scheine im Portemonnaie genauso leer wie der Kollektenkasten in der Kirche. Wobei die ersten Gotteshäuser den »elektronischen Klingelbeutel« bereits eingeführt haben.

Die Nachteile

Bargeld kostet Geld – nicht nur weil die Scheine gedruckt und die Münzen geprägt werden müssen. Banken und Geschäfte müssen Werttransporteure und Tresore bezahlen, damit stets genug Bargeld vorrätig ist. Einige Ökonomen kritisieren, gerade die Kosten für Ein- und Zwei-Cent-Stücke seien höher als der volkswirtschaftliche Nutzen der Kupfermünzen. Doch beim Handelsverband Deutschland heißt es, bei Gütern wie Milch oder Eiern sei der Preiswettbewerb so hart, dass die Händler kaum auf centgenaue Preise verzichten könnten.

Weil die staatlichen Behörden Barzahlungen kaum kontrollieren können, entgehen ihnen außerdem Steuereinnahmen: Ohne Bargeld gäbe es deutlich weniger Schwarzarbeit, Geldwäsche und andere Geschäfte, die der öffentlichen Kontrolle entzogen werden sollen. Eine Abschaffung des Bargelds würde den Drogenhandel bekämpfen – und dem Staat jährlich mehrere Hundert Millionen Euro einbringen, schätzen Befürworter dieser Maßnahme. Auch Überfälle auf Banken und Geschäfte würden eingedämmt.

Ökonomen wollen Bargeld abschaffen

Viele Menschen horten aus Misstrauen ihr Erspartes. Manche Ökonomen plädieren daher für eine radikale Lösung: Bargeld abschaffen. Profitieren würden aber vor allem Banken und Konzerne.

Darüber hinaus weisen Ökonomen darauf hin, dass Bargeld die Handlungsmöglichkeiten der Geldpolitik einschränkt. Beispielsweise können die Notenbanken praktisch keine negativen Zinsen für Sparer einführen, weil diese im Zweifelsfall das Geld vom Bankkonto abheben und in bar halten könnten.

Die Alternativen

In vielen Ländern hat sich das Bezahlen stärker verändert als in Deutschland. Nicht nur wegen anderer Gewohnheiten, sondern weil es dort kundenfreundliche Angebote gibt. In Großbritannien finden laut dem offiziellen Payments Council mehr Transaktionen ohne Bargeld statt als mit Bargeld. In vielen britischen Läden ist es selbstverständlich, dass Kunden Beträge bis 25 Euro bequem und schnell mit Karte zahlen – ohne Geheimnummer und Unterschrift, praktisch im Vorbeigehen.

Anders als in Deutschland werden in Dänemark kleine Läden, Restaurants und Tankstellen ab dem kommenden Jahr kein Bargeld mehr annehmen müssen. Dort ist das Bezahlen per Smartphone besonders verbreitet. Das größte Geldhaus Dänemarks, die Danske Bank, hat ein System für mobiles Bezahlen etabliert. Mehr als jeder dritte Däne nutzt dieses Angebot.

Quelle: http://www.sueddeutsche.de/wirtschaft/bezahlen-warum-die-deutschen-ihr-bargeld-so-lieben-1.2801181

D2 Quittung bei Barzahlung

Auszug aus dem Bürgerlichen Gesetzbuch (BGB) § 368 Quittung

Der Gläubiger hat gegen Empfang der Leistung auf Verlangen ein schriftliches Empfangsbekenntnis (Quittung) zu erteilen. Hat der Schuldner ein rechtliches In-

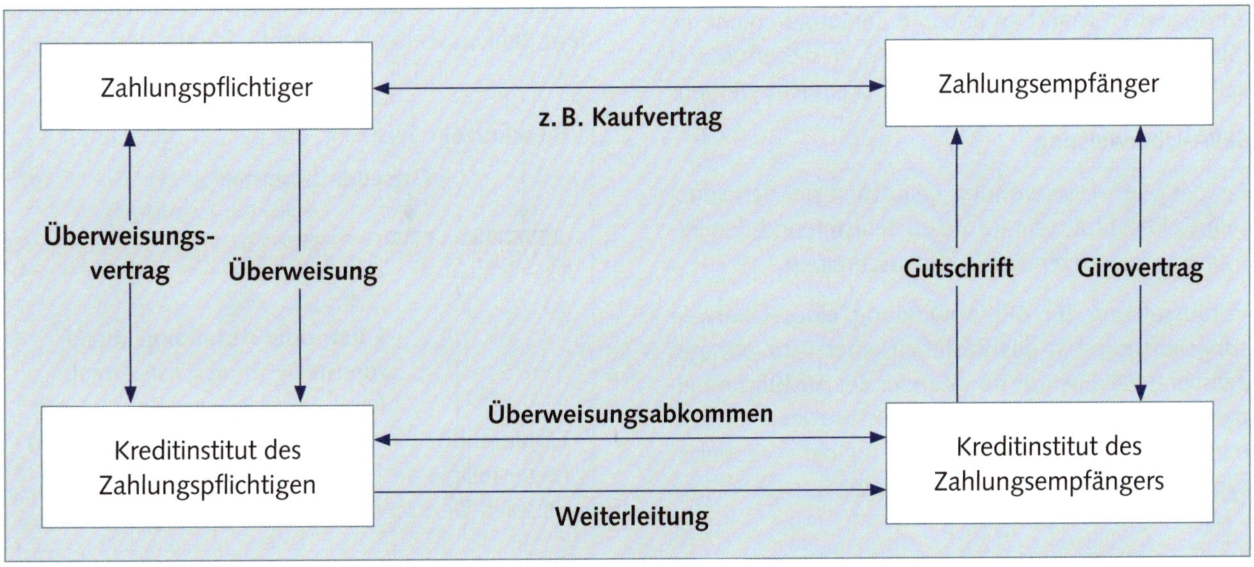

teresse, dass die Quittung in anderer Form erteilt wird, so kann er die Erteilung in dieser Form verlangen.

Quittung

Eine Quittung ist so etwas wie die »kleine« Rechnung. Bei kleinen Beträgen reicht die Quittung als Beleg aus. Jeder Gläubiger hat einem Schuldner auf Verlangen eine Quittung auszustellen. Das ist in Deutschland im §368 BGB geregelt. Die Kosten für die Ausstellung muss der Gläubiger tragen.

Quelle: http://blog.start-up-berater.de/quittung/#Was_ist_eine_Quittung

Die Quittung ist ein Beleg für eine geleistete Zahlung. Um eine Zahlung zu quittieren existieren im Handel Vordrucke, in welcher der Zahlungsvorgang eingetragen werden kann. So ist zu vermerken, von wem und für welchen Zweck eine Zahlung geleistet wurde.

Mindestangaben auf Quittungen schreiben

Laut Gesetz muss eine Quittung folgende Mindestangaben beinhalten, damit sie rechtssicher ist:

- Ort und Datum des Erhalts der Zahlung/Leistung
- Unterschrift und Firmenstempel des Zahlungsempfängers
- Name des Zahlenden
- Zweck der Zahlung
- Höhe des Betrages in Zahlen und in Worten
- Nettowert des Betrages sowie der Mehrwertsteuersatz

Quelle: https://rechnungen-muster.de/quittung-schreiben

D3 SEPA-Überweisung

SEPA

Die Europäische Union richtete einen gemeinsamen europäischen Markt im unbaren Zahlungsverkehr ein (Single Euro Payments Area: SEPA). In diesem Markt soll mehr Wettbewerb und Effizienz erreicht werden.

SEPA-Überweisung

Bei der SEPA-Überweisung beauftragt der Schuldner sein Geldinstitut, sein Konto zu belasten und den Betrag einem anderen Konto gutzuschreiben.

Voraussetzung für die Abwicklung eines Überweisungsauftrages ist das Bestehen eines Girovertrages zwischen Geldinstitut und Kunde. Bei Ausführung einer Überweisung muss das Geldinstitut den Kunden darüber informieren, an welchem Tag die Kontobelastung bzw. die Kontogutschrift erfolgt.

Eine korrekte SEPA-Überweisung benötigt folgende Angaben:

1. Empfängername
2. IBAN des Empfängers
3. BIC der Bank des Empfängers
4. Betrag in Euro
5. Referenznummer bzw. Verwendungszweck
6. Name und Ort des Auftraggebers der Zahlung
7. IBAN des Auftraggebers

IBAN (International Bank Account Number, internationale Bankkontonummer)

Die IBAN ist je nach Land unterschiedlich lang (in Deutschland hat sie immer 22 Stellen), vom Prinzip her aber immer gleich aufgebaut: Sie besteht aus einem internationalen Teil, der sich aus einem Länderkennzeichen und einer Prüfziffer zusammensetzt, und einem nationalen Teil, der individuelle Kontodetails enthält. In Deutschland sind das die Bankleitzahl und die Kontonummer.

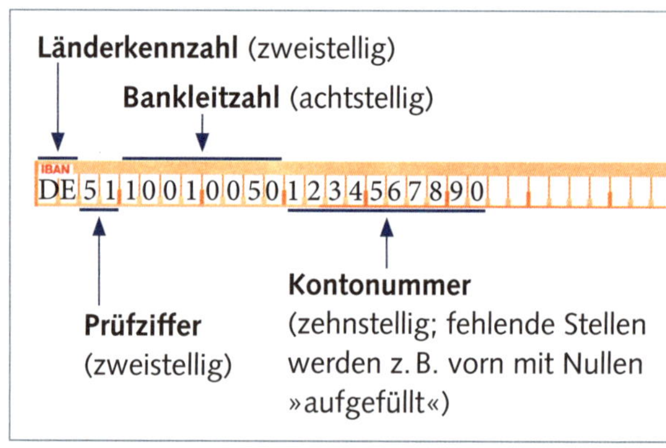

BIC (Business Identifier Code)

Das ist ein international standardisierter Bankcode (vergleichbar mit der Bankleitzahl in Deutschland), mit dem Banken weltweit eindeutig identifiziert werden.

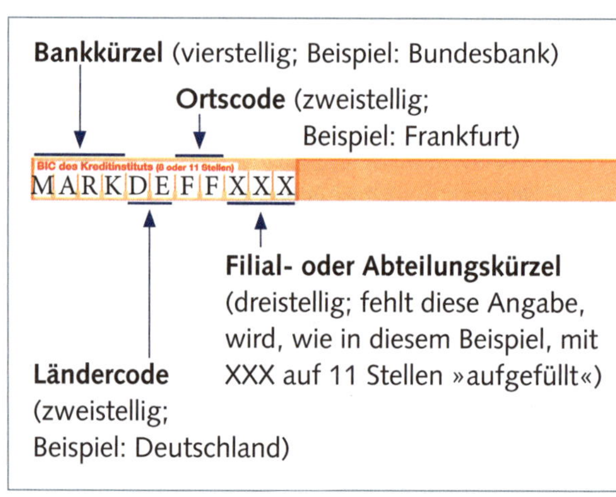

AUSGANGSSITUATION

Kap 2.7.2

Lernsituation 13

Formen des Zahlungsverkehrs – Bankkarte, Kreditkarte und elektronische Zahlungssysteme

Lars Schmid hat es endlich geschafft, sich bei seiner Sparkasse um eine Bankkarte zu kümmern. Bisher hatte er sie noch nicht wirklich vermisst, weil er mit Barzahlung und Überweisung gut zurechtgekommen ist. Allerdings muss er feststellen, dass die Möglichkeiten, mit »Plastikgeld« zu bezahlen oder auch elektronische Zahlungssysteme zu benutzen, zunehmen und dass es auch Vorteile mit sich bringt, nicht immer auf Bargeld angewiesen zu sein.

AUFTRÄGE

1 Von der Kundenbetreuerin der Sparkasse erfährt Lars Schmid alles über die bankeigene Karte und den Ablauf der dazugehörigen EC-Cash-Zahlung. Verwenden Sie die Informationen der Bank und der Hersteller von EC-Cash-Zahlungssystemen in ▸D1, ▸D2 und ▸D3, und nennen Sie Lars die einzelnen Merkmale bzw. die Zeichen auf der Bankkarte.

Bankkarte: Merkmale und Zeichen

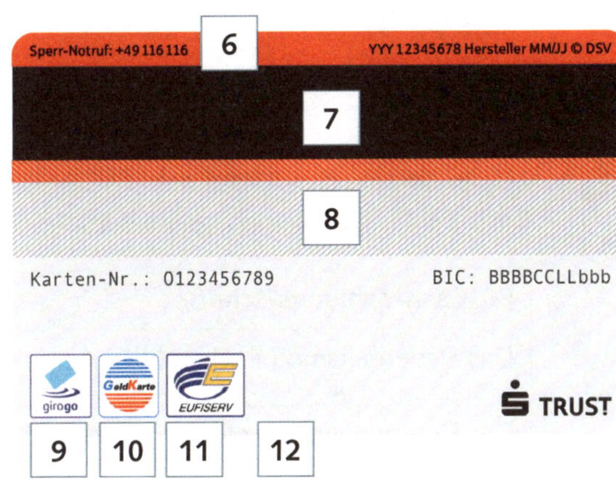

1		7	
2		8	
3		9	
4		10	
5		11	
6		12)))	

maestro.	

▸

EUFISERV	
girocard	
GeldKarte	
kontaktlos	

2 Zeigen Sie Lars den Ablauf der EC-Cash-Zahlung. Bringen Sie die einzelnen Schritte für den Ablauf der EC-Cash-Zahlung in die richtige Reihenfolge (▶D1).

EC-Cash-Zahlungs-Schritte	Reihenfolge
Das Sicherheitsmodul wird aktiviert und verlangt die Eingabe der Geheimzahl (PIN).	
Das Kommunikationsmodul meldet sich beim jeweiligen Provider ab und beendet die Datenverbindung.	
Die Karte wird verlangt und mithilfe des Kartenlesers ausgelesen.	
Per Datenaustausch werden über die Kommunikationsverbindung die jeweiligen Plausibilitätsprüfungen durchgeführt.	
Der Betrag wird eingegeben.	
Der Drucker erstellt sofort ein Protokoll über Zahlung bzw. Abweisung. Das Display zeigt dann das entsprechende Ergebnis an.	
Das Ergebnis »Zahlung erfolgt« garantiert dem Händler (bei rechtzeitiger Einreichung) seine Zahlung.	
Das Kommunikationsmodul baut die Verbindung zum Provider auf und meldet sich dort für den Datenaustausch an.	
Ein Eintrag der verwendeten Karte in der Sperrdatei, eine falsch eingegebene PIN-Nummer oder ein Zahlbetrag, der den verfügbaren Finanzrahmen plus Dispo übersteigt, führen dazu, dass die Zahlung abgelehnt und nicht autorisiert werden kann.	

3 Lars Schmid hat inzwischen seine neue Bankkarte erfolgreich eingesetzt. Sie funktioniert wie versprochen, und auch der Ablauf der EC-Cash-Zahlung ist ihm geläufig. Nur die verschiedenen Zeichen auf seiner Bankkarte bereiten ihm Probleme. Er spricht seine Kundenberaterin in seiner Bank darauf an. Diese meint es aber besonders gut und zeigt ihm eine Vielzahl an Zeichen.

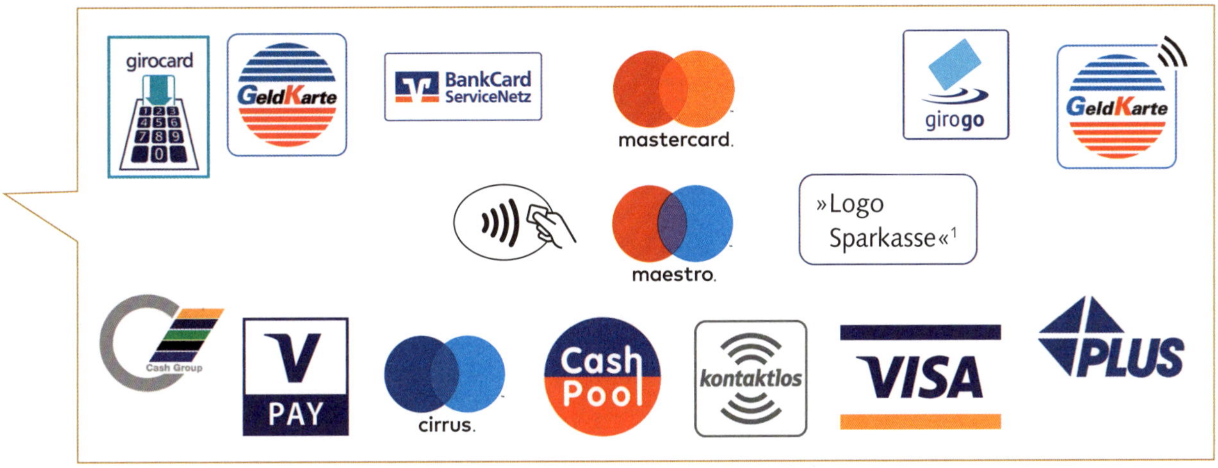

[1] »Leider gibt es keine Abdruckrechte für das Sparkassenlogo. Für den Leser ist das Logo allerdings bekannt.«

Nicht jedes Zeichen gehört zu seiner oder einer anderen Bankkarte; andere kennt Lars Schmid von einer Kreditkarte seiner Eltern; wieder andere sind ihm von Banken, Geschäften, aus der Werbung und dem Abheben am Geldautomaten bekannt.

Gestalten Sie in Arbeitsgruppen ein Übersichtsplakat, eine Folie oder eine Präsentation, wobei alle Zeichen erklärt und einer der vier Gruppen »Debitkarten«, »Kreditkarten«, »Bargeldbezug« und »Geldautomatenverbünde und Kooperationen« zugeordnet sind. Präsentieren Sie Ihre Ergebnisse der Klasse.

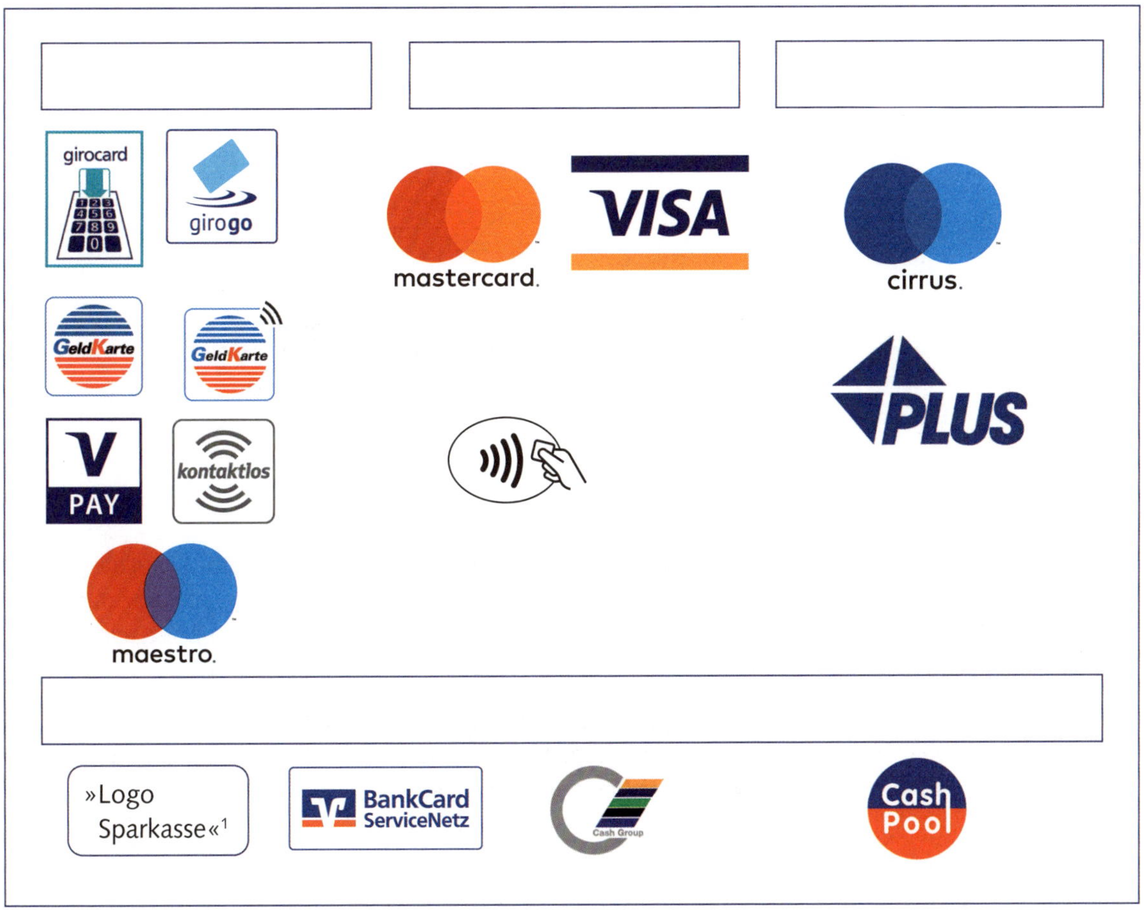

© mastercard, Visa, Bundesverband d. Deutschen Volksbanken u. Raiffeisenbanken

4 Die Erstellung des Plakates bzw. der Folie bzw. der Präsentation hat Klarheit gebracht, dass es Unterschiede zwischen Debitkarten/Bankkarten und Kreditkarten gibt. So wie die EC-Cash-Zahlung einem bestimmten Ablauf folgt, möchte Lars Schmid wissen, wie dieser bei der Kreditkartenzahlung üblich ist. Ordnen Sie die einzelnen Schritte aus ▸D4 in der folgenden Übersicht sinnvoll an und nummerieren Sie die Schritte in der richtigen Reihenfolge.

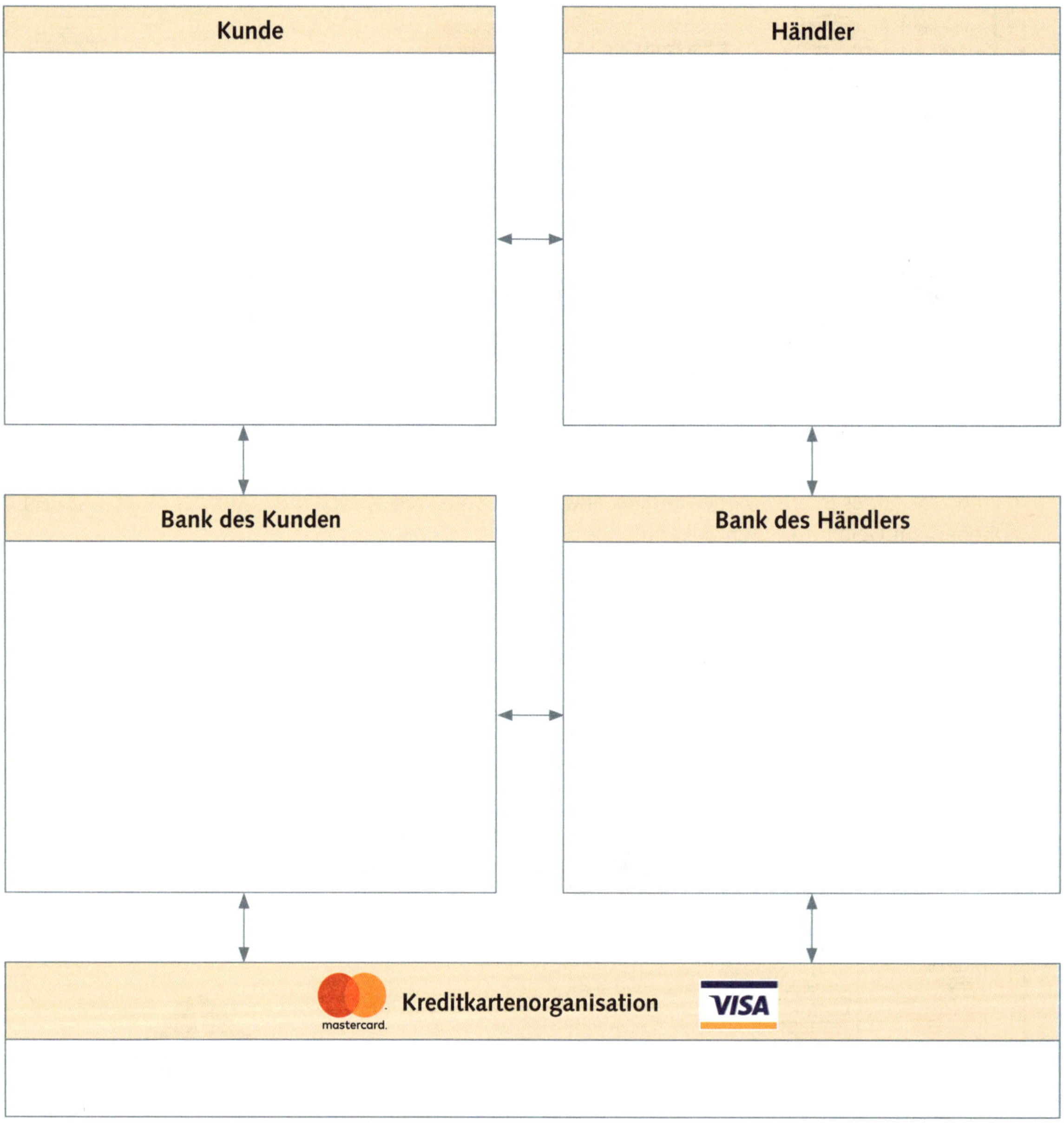

5 Nicht nur Lars Schmid und alle seine Mitschülerinnen und Mitschüler in der Berufsschulklasse besitzen ganz selbstverständlich ein Smartphone, auch bei über 62 Millionen Bundesbürgern war das 2021 der Fall. Deshalb verwundert es Lars nicht, dass man inzwischen auch mit einem Smartphone seine Zahlungsvorgänge durchführen kann.

In der folgenden Übersicht sind Zahlungsvorgänge aufgrund von Zahlungssituationen notwendig. Entscheiden Sie, welche Voraussetzungen dafür gegeben sein müssen, damit Lars diese Zahlungsvorgänge durchführen kann und welche Formen des Zahlens möglich sind (▸D4 und ▸D5).

Zahlungs-systeme	Bankkarte/ Girocard	Geldkarte	Kreditkarte	PayPal	giropay	NFC
Zeichen/ Logo	girocard	GeldKarte	VISA mastercard	PayPal	giropay paydirekt	
Voraus-setzungen						
Situationen						
1)						
2)						
3)						
4)						
5)						
6)						
7)						
8)						
9)						
10)						

1) Lars überweist seine Miete.
2) Lars kauft und bezahlt zwei Kinokarten online.
3) Lars bestellt bei einem Internethändler ein Paar Sneakers.
4) Lars kauft in einem Drogeriefachgeschäft Hygieneartikel im Wert von 24,80 EUR.
5) Lars bucht einen Flug nach Hamburg und zahlt sofort.
6) Lars erhält einen Bußgeldbescheid wegen Übertretens der Höchstgeschwindigkeit in Höhe von 70,00 EUR.
7) Lars erhält einen Steuerbescheid, seine Kfz-Steuer zu begleichen.
8) Lars lädt seine Freundin zu einem 5-Gänge-Essen ein und übernimmt die Rechnung.
9) Lars wird in der Fußgängerzone aufgefordert, eine Spende für obdachlose Kinder zu geben.
10) Lars begleicht seine Schulden bei seinem Arbeitskollegen in Höhe von 211,60 EUR unbar.

DATENKRANZ

D1 Bankkarte und Bezahlvorgang EC-Cash/Girocard

Eine übliche Bankkarte besitz folgende Merkmale bzw. Zeichen:
Kontonummer, Chip, Kartennummer, Gültigkeit, Sperrhotline, Magnetstreifen, Unterschrift, Maestro-Zeichen, Girocard-Zeichen, girogo-Zeichen, GeldKarte-Symbol, Eufiserv-Zeichen, Kontaktlos-Zeichen

Die sogenannte Onlineautorisierung ist das Hauptmerkmal einer Electronic-Cash-Zahlung. In ähnlicher Form findet sie auch bei Maestro/Visa Electron sowie bei den meisten Kreditkartenzahlungen statt. Als Onlineautorisierung wird die Zuweisung und Überprüfung von Zugriffsrechten auf Daten bezeichnet. Der Magnetstreifen oder der EC-Cash-Chip einer EC-Karte wird mithilfe eines POS-Terminals (ein Terminal, der Magnetstreifen und Chips auslesen kann, bezeichnet man als Hybridterminal) online gegen eine Sperrdatei geprüft, die eingegebene PIN, ein weiteres Sicherheitsmerkmal der EC-Cash-Zahlung, wird auf Gültigkeit geprüft, außerdem wird der eingegebene Zahlbetrag dem Kontostand (Guthaben plus Dispokredit) des Kontoinhabers gegenübergestellt. Bei negativer Prüfung eines der genannten Punkte wird die Zahlung abgewiesen. Die Onlineautorisierung und Prüfung der Kontodeckung und der Einhaltung des Tageslimits wird zentral durchgeführt. Dem Händler wird für die Nutzung des Electronic-Cash-Systems und der Zahlungsgarantie ein Entgelt berechnet (in der Regel sind das 0,3 % vom Umsatz, mindestens 0,08 Euro). Das elektronische Bezahlen mit EC-Cash ist aufgrund der Prüfungstiefe zurzeit die sicherste Form der kartengestützten Zahlung oder der bargeldlosen Zahlung. Gleichzeitig wird das Bezahlen im Internet mit der elektronischen Geldbörse als kostengünstige Bezahlvariante geschätzt. Da der elektronische Zahlungsverkehr mit den heutigen EC-Kartengeräten oder EC-Kartenterminals schneller erfolgt als eine Bargeldzahlung, nimmt die Verbreitung im Handel immer mehr zu.

Allgemeiner Ablauf einer Girocard-Zahlung:

- Betrag wird eingegeben.
- Karte wird verlangt und mithilfe eines Chipkartenlesers ausgelesen.
- Das Sicherheitsmodul wird aktiviert und verlangt die Eingabe der Geheimzahl (PIN).
- Das Kommunikationsmodul baut die Verbindung zum Provider auf und meldet sich dort für den Datenaustausch an.
- Per Datenaustausch werden über die Kommunikationsverbindung die Plausibilitätsprüfungen durchgeführt.
- Ein Eintrag der verwendeten Karte in der Sperrdatei, eine falsch eingegebene Geheimzahl sowie ein Zahlbetrag, der den verfügbaren Finanzrahmen übersteigt, führen dazu, dass die Zahlung nicht autorisiert werden kann.
- Das Kommunikationsmodul meldet sich beim Provider ab und beendet die Verbindung.
- Der Drucker erstellt ein Protokoll über die Zahlung bzw. Abweisung. Das Display zeigt Entsprechendes an.
- Das Ergebnis »*Zahlung erfolgt*« garantiert dem Händler (bei rechtzeitiger Einreichung) seine Zahlung.

Quelle: http://www.terminal-ec-cash.de/bezahlvorgang-ec-cash.php (ergänzt und abgeändert)

D2 Zeichen bei der EC-Cash-Zahlung

EUFISERV-Symbol EUFISERV	Über EUFISERV wickeln Sie mit Ihrer SparkassenCard Transaktionen im europäischen Geldautomatennetz ab.

D3 Kartenzahlungssysteme und deren Symbole auf Karten, Kassen und an Geschäften

Was ist eine Debitkarte?

Die Debitkarte wird oft auch als Bankkarte bezeichnet. Mit ihr wird direkt über Gelder auf einem Girokonto verfügt, etwa beim Geldabheben am Automaten oder beim Bezahlen im Geschäft. Die Belastung des Girokontos erfolgt sofort bzw. innerhalb weniger Tage.

Damit ist die Debitkarte eine Alternative zur Barzahlung, welche auf Ihr Girokonto zurückgreift. Durch die (meist) tagesgleiche Kartenabrechnung können Ausgaben zuverlässig verfolgt werden.

Was ist eine Kreditkarte?

Eine Kreditkarte kann ebenfalls zum Bezahlen und Geldabheben genutzt werden. Die getätigten Umsätze werden bei einer Kreditkarte jedoch gesammelt und in einem Betrag (i. d. R. einmal pro Monat) fällig. Bei den geläufigsten Kreditkartenarten wird die Kreditkartenrechnung direkt vom Konto abgebucht. Bei einer anderen Kreditkartenart kann man seine offenen Kreditkartenrechnungen in monatlichen Raten zurückzahlen, was jedoch Sollzinsen verursacht.

Die drei größten Kreditkartenunternehmen sind Visa, MasterCard und American Express. Es handelt sich um global tätige Unternehmen, deren Kreditkarten weltweit akzeptiert werden.

girocard – Die Standardbankkarte in Deutschland

girocard ist ein gemeinsamer Standard der deutschen Banken zur Abrechnung von (Debit-) Kartenzahlungen und für das deutsche Geldautomatensystem. 95 % der deutschen Bundesbürger besitzen eine girocard, die häufig noch als EC-Karte oder Girokarte bezeichnet wird.
Befindet sich auf der eigenen Bankkarte ein girocard Symbol (ist eigentlich Standard), dann kann an allen Verkaufsstellen, die girocard akzeptieren (ebenfalls so gut wie alle Kassensysteme), mit der Karte bezahlt werden. Ebenfalls kann an allen deutschen Geldautomaten Geld abgehoben werden. Kostenlos geht dies allerdings nur an den Geldautomaten der eigenen Bank bzw. deren Partnerbanken.
Besonders Wichtig: girocard ist ein rein deutsches System. Im Ausland kann nicht mit girocard Geld abgehoben oder bezahlt werden. Dafür muss die Karte zusätzlich die V PAY- oder Maestro-Funktion besitzen. Alternativ hilft eine Kreditkarte im Ausland.

girogo – Karte zum kontaktlosen Bezahlen geeignet

girogo weist eine besondere Funktion der girocard *aus*. Ist das girogo-Zeichen auf der Bankkarte abgebildet, so kann man mit der Karte Kleinbeträge bis zu 20,00 EUR kontaktlos bezahlen. Eine Eingabe der PIN ist nicht notwendig. girogo arbeitet allerdings nach dem »Prepaid-Prinzip«, d. h., man muss vorab Geld aufladen. Dies kann man z. B. am Geldautomaten. Es wird bereits daran gearbeitet, girogo per Smartphone (mit NFC-Technologie und entsprechender App) zu laden.
Maximal kann man 200,00 EUR auf die »elektronische Kleingeldbörse« laden. Möchte man mit girogo bezahlen, muss man seine Karte wenige Zentimeter vor das girogofähige Bezahlterminal halten. An vielen Kassen (besonders in Kantinen) sieht man inzwischen das girogo-Logo.

GeldKarte – »elektronisches Kleingeld« ohne Pin oder Unterschrift

Das *GeldKarte*-Symbol beschreibt eine weitere Funktion der girocard. Befindet sich das Zeichen auf der Bankkarte, dann hat man die Möglichkeit, einen gewissen Betrag (max. 200,00 EUR) vorab auf den integrierten Chip aufzuladen. Eine Aufladung ist ganz einfach an allen Geldautomaten der kartenausgebenden Banken sowie online möglich. Hat man per Prepaid-Verfahren die Karte geladen, so können problemlos Kleinbeträge wie Tickets im öffentlichen Nahverkehr oder Parkscheine an Automaten bargeldlos bezahlt werden.
Mit der GeldKarte zahlt man schnell, transparent und sicher: Karte einstecken (z. B. in Fahrscheinautomaten, Packstation oder Snackautomaten), den zu zahlenden Betrag bestätigen und rausziehen – fertig. Ohne nach Kleingeld suchen und immer passend.

GeldKarte kontaklos – Kleinstbeträge bezahlen ohne PIN und Unterschrift

Das Kartensymbol »*GeldKarte kontaktlos*« stellt ein Übergangslogo für die kontaktlose Bezahlmöglichkeit girogo auf den Bankkarten der Volks- und Raiffeisenbanken dar. Die Funktionsweise ist die gleiche wie bei girogo. Vorab werden max. 200,00 EUR per Geldautomat oder Onlinebuchung auf die Geldkarte geladen. Befindet sich ein kontaktlosbezahlen-Logo am Zahlungsterminal, z. B. im Einzelhandel, kann ohne Unterschrift sowie ohne Eingabe der PIN ein kleinerer Betrag (max. 200,00 EUR) bezahlt werden, ohne die Karte aus der Hand zu geben. Die *girocard* wird nur wenige Zentimeter vor das Kartenlesegerät gehalten und der Betrag wird vom Guthaben abgezogen. Bei jedem Lade- oder Bezahlvorgang wird auf dem Lesegerät der Restbetrag auf dem Kartenchip angezeigt.

kontaktlos bezahlen – Karte zum kontaktlosen Bezahlen einsetzbar

Wer dieses Symbol auf seiner Bankkarte findet, ist Kunde bei einer Sparkasse, da es sich um ihr Übergangslogo für die Funktion girogo handelt. Neue Karten werden nur noch mit dem girogo-Logo bedruckt. Die Funktion ist dieselbe. Sieht man auf einem Bezahlterminal (z. B. an einer Kasse) das *kontaktlos*-Zeichen, kann man selbstverständlich auch mit einer girocard mit girogo-Logo bezahlen und umgekehrt.
Der Einsatz der Karte funktioniert genauso wie bei einer Karte mit girogo-Zeichen (s. o.).

V PAY – Möglichkeit im Ausland mit der Bankkarte zu bezahlen

Das in Deutschland bei Zahlungen mit EC-Karten verwendete girocard-System ist ein rein deutsches System. Damit Kunden einer deutschen Bank oder Sparkasse mit ihrer Bankkarte auch im Ausland bezahlen und Geld abheben können, sind viele Karten entweder mit einer V PAY- oder Maestro-Funktion erweitert.
V Pay ist ein Zahlungssystem von Visa, hat aber nichts mit einer Kreditkarte zu tun. Genau wie bei girocard werden Zahlungen über die V PAY-Funktion (also im Ausland) sofort dem Konto belastet. Für den Kunden macht es keinen Unterschied, ob die Zahlung mittels girocard oder V PAY verarbeitet wird. *V PAY* ist eine chipbasierte Technologie, was das Auslesen der Karten und somit das Skimming (Betrugsverfahren) unmöglich macht. Die Sicherheit ist höher als bei Maestro (von Mastercard).
Mit V PAY kann man in der Europäischen Union, Andorra, Gibraltar, Island, Israel, Liechtenstein, Monaco, Norwegen, Schweiz, San Marino und der Türkei Kartenzahlungen vornehmen und Geld abheben. In anderen Ländern (z. B. USA oder in Asien) kann man seine V PAY-Karten nicht nutzen.

Maestro – Zahlungen im Ausland sind mit der EC-Karte möglich

Wie weiter oben bereits geschrieben ist die bei Bankkarten weit verbreitete girocard-Funktion nur in Deutschland nutzbar. Damit mit einer Bankkarte (Debitkarte) auch im Ausland am Geldautomaten abgehoben und mit der Karte bezahlt werden kann, verfügen Bankkarten nicht nur über die girocard-Funktion, sondern zusätzlich entweder über ein V PAY- oder Maestro-Zeichen.
Maestro ist ein Zahlungssystem von MasterCard, welches weltweit akzeptiert wird. Im Gegensatz zu V PAY können Bankkarten mit Maestro-Funktion also nicht nur in Europa eingesetzt werden. Maestro ist ebenfalls ein Debitsystem, d.h., Kartenzahlungen werden sofort (bzw. schnellstmöglich) dem Girokonto belastet.

(Kredit)Karte von MasterCard – weltweite Akzeptanz

Sieht man das links abgebildete Zeichen auf seiner Karte, dann handelt es sich um eine Kreditkarte von MasterCard. Normalerweise findet sich das Logo auf der rechten Vorderseite der Kreditkarte. Auf Kreditkarten ist immer eine Kreditkartennummer aufgedruckt bzw. eingeprägt.
Neben dem Logo von MasterCard können noch zusätzliche Logos und Zeichen aufgedruckt sein. Die Norisbank vergibt z. B. Kreditkarten von MasterCard an ihre Kunden. Wie die meisten Banken und Herausgeber von Kreditkarten sind Karten zusätzlich mit dem eigenen Logo bzw. Zeichen der Bank bedruckt.
Bei einigen Karten mit dem Zeichen handelt es sich um keine »echten« Kreditkarten, sondern »nur« um Debitkarten oder Prepaid-Kreditkarten. Kartenzahlungen werden dann dennoch sofort dem Konto bzw. dem Kartenguthaben belastet. Der Vorteil dieser Karten zur normalen Bankkkarte (selbst mit V PAY oder Maestro) ist die bessere Akzeptanz im Ausland.

(Kredit)Karte von Visa – weltweite Akzeptanz

Sieht man das links abgebildete Symbol auf seiner Karte, handelt es sich um eine VISA-Card bzw. Kreditkarte von Visa. Genau wie bei MasterCard befindet sich das Logo auf der Vorderseite der Karte am rechten Rand. In den meisten Fällen drucken die Kartenherausgeber (Banken oder andere Herausgeber) noch ihr eigenes Logo auf die Karte.

Befindet sich das Visa-Symbol auf der Karte, muss es sich nicht zwangsläufig um eine echte Kreditkarte handeln. Das Zeichen besagt, dass Zahlungen über das Visa-System abgewickelt werden (also z. B. nicht girocard oder Maestro). Im Gegensatz zu V PAY oder girocard werden VISA-Karten weltweit akzeptiert. Die Direktbank ING-DiBa gibt z. B. eine kostenlose VISA-Card an Kunden ihres Girokontos heraus.

Visa payWave – kontaktlos bezahlen mit der VISA-Karte

Visa payWave ermöglicht das kontaktlose Bezahlen mittels NFC-Technologie (Near Field Communication). Mit der VISA-Karte kann man somit Beträge unter 25,00 EUR ohne Unterschrift oder PIN bezahlen. Die Karte muss beim Bezahlvorgang nicht mehr in das Gerät gesteckt, sondern nur noch wenige Zentimeter vor das Bezahlterminal gehalten werden. Auch für größere Beträge eignet sich die NFC-Technologie, allerdings muss dann der Beleg wie gewohnt unterschrieben werden. Eine gesonderte Aufladung für Visa payWave ist nicht notwendig. Bezahlungen werden direkt dem Kreditkartenlimit belastet.

In den meisten Fällen ist das abgebildete Zeichen nicht auf der Karte aufgedruckt, sondern nur das »WLAN-Zeichen«. Das Visa payWave-Logo findet sich eher an Kassen- und Bezahlterminals.

Bei der girocard (ehemals EC-Karte) wird die Technik girogo genannt und ermöglicht die kontaktlose Bezahlung von Beträgen bis 20,00 EUR ohne PIN oder Unterschrift. Bei girogo muss man sich jedoch vorab einen Betrag bis maximal 200,00 EUR aufladen (Prepaid).

MasterCard paypass – kontaktlos bezahlen mit einer MasterCard-Kreditkarte oder Maestro-Karte

MasterCard paypass ist das Pendant zum Visa payWave-System. Mastercard nutzt ebenfalls die NFC-Technologie (Near Field Communication), damit man mit seiner Kreditkarte bzw. Maestro-Karte kontaktlos bezahlen kann. Genau wie bei Visa sind Beträge bis maximal 25,00 EUR ohne Unterschrift oder PIN-Eingabe möglich. Die mit paypass ausgestattete Karte muss nur wenige Zentimeter entfernt vom Bezahlterminal gehalten werden, damit die Zahlung erfasst werden kann.

In den meisten Fällen befindet sich das paypass-Logo nur auf den Kassen- bzw. Bezahlterminals. Die meisten Karten von MasterCard mit paypass-Funktion zeigen dies inzwischen nur noch durch das Wellen- bzw. WLAN-Symbol.

Bargeldbezugskarten und ihre Logos

Mit einer Bargeldbezugskarte kann nicht im Laden bezahlt, sondern nur Geld am Geldautomaten abgehoben werden. Die Karten sind aufgrund der sehr eingeschränkten Funktionen relativ unpraktisch und nicht besonders weit verbreitet. Ein möglicher Vorteil ist die erhöhte Sicherheit: Mit einer normalen Kredit- oder Bankkarte kann man z.T. auch ohne Eingabe der PIN einkaufen. Eine Bargeldbezugskarte ist generell für diese Funktion gesperrt. Bei Verlust der Karte kann ein Finder die Karte daher nicht nutzen.
Bargeldbezugskarten werden zum Teil für Sparbücher herausgegeben. Sparbücher sind nicht für den Zahlungsverkehr freigegeben (z.B. keine Überweisung vom Konto oder Lastschriften). Mit einer Bargeldbezugskarte wird Kunden zumindest ermöglicht, außerhalb der Öffnungszeiten Bargeld am Geldautomaten abzuheben. Bei der Sparcard der Postbank handelt es sich um eine Bargeldbezugskarte.

Cirrus – Bargeldbezugskarte von MasterCard

cirrus.

Das Cirrus-Logo werden vermutlich die wenigsten Personen in Deutschland kennen. Das Zeichen steht für eine Bargeldbezugskarte von MasterCard. Mit der Karte kann somit an allen Geldautomaten mit dem Cirrus-Logo Geld abgehoben werden. Für Zahlungen in Geschäften ist eine reine Cirrus-Karte jedoch nicht geeignet.
Allerdings sind Karten mit dem Cirrus-Logo zum Teil noch mit anderen Funktionen erweitert. Die Karte ist dann eventuell zu mehr als nur dem Bargeldbezug zu gebrauchen.

Visa-Plus – Bargeldbezugskarte von Visa

PLUS

Das *Visa-Plus*-Logo ist nicht besonders verbreitet. Ist das Zeichen auf einer Karte abgebildet, so handelt es sich um eine reine Bargeldbezugskarte. Mit der Karte kann nicht in Geschäften bezahlt, sondern nur Bargeld an Geldautomaten mit dem Visa-Plus-Zeichen abgehoben werden.
Solche Bargeldbezugskarten werden zum Teil zu Sparbüchern angeboten. Kunden können somit außerhalb der Banköffnungszeiten von ihrem Sparbuch Geld abheben. Karten zu Sparbüchern dürfen nur zum Bargeldbezug geeignet sein, da ein Sparbuch nicht für den Zahlungsverkehr bestimmt ist. Kartenzahlungen sind somit mit einer Karte mit Visa-Plus-Symbol nicht möglich.

Sparkassen – 23.000 Geldautomaten in Deutschland

Die deutschen Sparkassen sind über den Sparkassenverband organisiert und bündeln ihre Geldautomaten. Ist man Kunde einer Sparkasse, so kann man sämtliche Geldautomaten der Sparkassen kostenlos zum Abheben von Bargeld nutzen. Die Sparkassen verrechnen Automatengebühren untereinander, wovon der Kunde nichts merkt.
Die Sparkassen sind die Bankengruppe mit den meisten Geldautomaten. Wer ein kostenloses Konto bei einer Sparkasse sucht, sollte sich »1822direkt« ansehen. Die Tochter der Frankfurter Sparkasse bietet ein kostenloses Onlinegirokonto, mit dem man ebenfalls an allen Sparkassen-Geldautomaten kostenlos Geld abheben kann.

BankCard Servicenetz – Geldautomatenverbund der Genossenschaftsbanken

BankCard ServiceNetz

Die meisten Genossenschaftsbanken bündeln unter dem Namen Bankcard Servicenetz ihre Geldautomaten. Insgesamt hat diese Gemeinschaft ca. 17.300 Geldautomaten in Deutschland. Die zum Zusammenschluss gehörenden Banken verrechnen untereinander nur reduzierte Gebühren; je Abhebung von 1,02 EUR bis maximal 2,05 EUR.
Die meisten Genossenschaftsbanken übernehmen diese Automatengebühren automatisch, wenn ein Kunde an einem Geldautomaten einer fremden **Volksbank oder Raiffeisenbank** Geld abgehoben hat. Es gelten jedoch immer die Konditionen der eigenen Bank. Teilweise haben Kunden nur wenige Fremdabhebungen im Monat frei oder müssen die Abhebegebühren selbst bei den zum Bankcard-Servicenetz gehörenden Partnerbanken tragen.

Cash Group – Geldautomatenzusammenschluss der deutschen Großbanken

Das links abgebildete Symbol findet sich auf den EC-Karten vieler Großbanken und steht für die Cash Group. Unter dem Namen Cash Group arbeiten bereits seit 1998 einige deutsche Banken zusammen und haben sich zu einem Geldautomatenverbund zusammengeschlossen. Die Farben im Logo stehen dabei für die ehemaligen Gründungsmitglieder der Automatenkooperation. Die Farbe grün steht z. B. für die nicht mehr existierende Dresdner Bank.
Hat man ein Cash Group-Logo auf seiner Bankkarte, so ist man entweder Kunde der **Deutschen Bank**, **Commerzbank**, **Postbank**, **HypoVereinsbank** oder einer der **Tochtergesellschaften** (z. B. ist die Norisbank ein Tochterunternehmen der Deutschen Bank und somit ebenfalls in der Cash Group). Kunden einer Bank aus der Cash Group können an allen ca. 9.000 Geldautomaten des Verbundes abheben.

CashPool – Geldautomaten Kooperation weiterer Banken

Neben der Cash Group gibt es noch den CashPool als Geldautomatenzusammenschluss deutscher Banken. Der CashPool ist etwas kleiner als die Cash Group und verfügt über ca. 2.800 Geldautomaten, an denen Kunden einer zum CashPool gehörender Bank kostenlos abheben können.
Zum CashPool gehören viele kleinere und teilweise nur regionale Kreditinstitute, sowie die bekannteren **Sparda-Banken**, die **Santander Consumer Bank**, die **Targobank**, sowie die **Netbank** und **Wüstenrot Bank**.

Quelle: https://www.kostenloses-konto24.de/girokonto-informationen/157-zeichen-auf-der-ec-kreditkarte-verstaendlich-erklaert.html#girocard (ergänzt und abgeändert)

D4 Kreditkartenzahlung

Gutschrift auf dem Händlerkonto
Kauf abgeschlossen
Kunde unterschreibt Beleg.
Autorisierungsanfrage über die Händlerbank
Zahlung erfolgt
Autorisierung
Einreichung der Rechnungsbelege
Belastung auf dem Girokonto des Kunden
Einlesen der Karte und Eingabe des Rechnungsbetrages
Autorisierungsanfrage an Kreditkartenorganisation
Kunde übergibt Karte zur Zahlung an Händler.
Freigabe des Betrages

D5 Elektronische Zahlungssysteme

Zahlungssystem, Zeichen, Erklärung

Paypal

Im Onlinezahlungssystem PayPal registrieren sich Kunden einmal mit ihren Bankdaten und bezahlen künftig via E-Mail-Adresse und Passwort. Um bei PayPal ein Konto zu eröffnen, müssen sich Interessenten mit ihrem vollständigen Namen, Adresse, Telefonnummer und E-Mail-Adresse unter »PayPal.de« anmelden. Damit die Kunden über das Onlinezahlungssystem tatsächlich einkaufen können, müssen sie eine gültige Zahlungsquelle hinterlegen. Als Zahlungsquellen können Bankkonten und Kreditkarten genutzt werden.

giropay

Kunden benötigen ein Girokonto bei einem Kreditinstitut und einen Onlinebankingzugang. Dann kann sich der Kunde bei giropay anmelden und dieses als Bezahlverfahren verwenden. Vor Abschluss eines Kaufs müssen Nutzername und Passwort eingegeben werden. In manchen Fällen wird die Bezahlung durch eine TAN-Abfrage geprüft. giropay ist kein Drittanbieter, sondern eine Zusatzfunktion des Girokontos. Die Zahlung wird direkt über das Girokonto des Käufers abgewickelt und an das Konto des Händlers gesendet. giropay fungiert als zentraler Softwaredienst zur Zahlungsabwicklung. Wenn das eigene Girokonto genügend Guthaben aufweist, erhält der Händler nach der Eingabe eine sofortige Bestätigung der Zahlung und kann die Ware verschicken. Man kann darüber hinaus auch Geld in Echtzeit versenden, z. B. an einen Freund. Bei Kleinbeträgen bis 30,00 EUR verzichten immer mehr Kreditinstitute auf die TAN-Eingabe. Das Überweisen von Rechnungen auf Papier oder als PDF-Datei ist möglich. Beim Betätigen des giropay-Bezahlbuttons auf einer PDF-Rechnung oder dem Scannen des giropay-QR-Codes auf einer Papierrechnung öffnet die Internetseite von giropay. Dann wählt man sein eigenes Kreditinstitut mit dem eigenem Girokonto aus und nutzt dann das Onlinebankingverfahren des eigenen Kreditinstitutes. Nach der Anmeldung mit den persönlichen Onlinebankingzugangsdaten wird der vorausgefüllte Onlineüberweisungsträger angezeigt. Mit einer TAN wird der Überweisungsauftrag freigegeben.

Kontaktloses Bezahlen mit NFC

NFC steht für Near Field Communication (Nahfeldkommunikation). Es ist ein internationaler Standard für kabellose Datenübertragung über kurze Distanzen. Die Distanz beim kontaktlosen Bezahlen ist auf 4 cm begrenzt.
Ein Bezahlvorgang im Handel mittels NFC läuft in folgenden fünf Schritten ab:

1. An der Kasse wird der zu zahlende Betrag angezeigt.
2. Der Kunde hält sein NFC-fähiges Smartphone bzw. seine Kreditkarte oder Girocard mit NFC an das Kassenterminal. Hierbei gilt: Bei Beträgen bis 25,00 EUR muss in der Regel keine PIN eingegeben werden, höhere Beträge sind in der Regel mittels PIN oder Unterschrift zu autorisieren.
3. Am Terminal bestätigen ein optisches und ein akustisches Signal die Bezahlung.
4. Das Display des Kassenterminals und das Display des Smartphones zeigen eine Bestätigung des Zahlvorgangs an.
5. Der Kunde bekommt einen Beleg seiner Zahlung ausgehändigt.

AUSGANGSSITUATION

Kap 2.8

Lernsituation **14**

Anlageformen im Hinblick auf Liquidität, Rentabilität und Sicherheit

Endrit Breitling befindet sich im zweiten Ausbildungsjahr zur Pflegefachkraft. Er verdient wenig in seiner Ausbildung. Er hat im Moment das Gefühl, dass er wenig Kapital für seine Zukunft zurücklegen kann. Das Wenige, das er hat, möchte er aber gut, sicher und rentabel anlegen. Vom letzten Besuch des Finanzberaters bei seinen Eltern findet er einen Werbeprospekt (▸D1). Außerdem hat er im Internet recherchiert und umfangreiche Materialien finden können (▸D2 und ▸D3).

AUFTRÄGE

1 Endrit stellt in den gesamten Unterlagen fest, dass es immer wieder um drei wesentliche Begriffe geht: Rentabilität, Sicherheit und Liquidität. Zum besseren Verständnis möchte er das magische Dreieck der Vermögensanlage bildlich darstellen. Unterstützen Sie Endrit und entwerfen sie diese Grafik (Daten aus ▸D2).

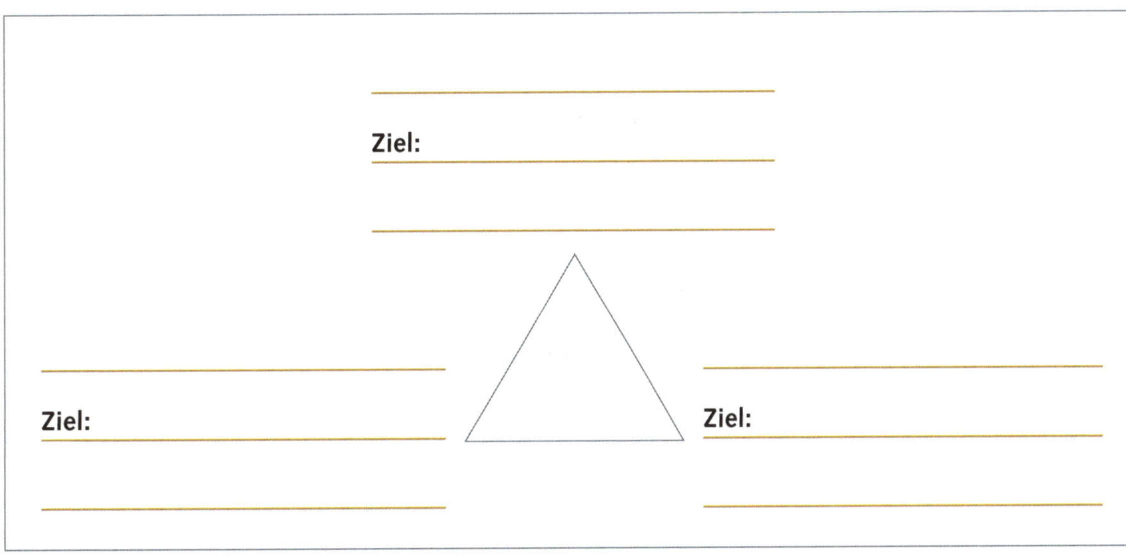

2 Endrit kann nun die Zitate im Werbeprospekt (▸D1) besser zuordnen. Füllen Sie die nachfolgende Tabelle aus, indem Sie zu jedem Zitat ein Ziel und einen möglichen Konflikt zu einem anderen Ziel formulieren.

Zitat	Mit dem Zitat verbundenes Anlageziel	Daraus entstehender Zielkonflikt
»Das was ich anlege, will ich gut verzinst sehen.«		

▸

»Ich will jederzeit und sofort an mein angelegtes Geld kommen, damit ich jederzeit alle meine Ausgaben bestreiten kann.«		
»Für mich ist es wichtig, dass mein angelegtes Geld in sicheren Händen ist.«		
»Ich brauche eine Anlageform, bei der ich auch meine Zukunft absichern kann.«		

3 Endrit beschäftigt sich lange mit dem Thema »Kapital anlegen«. Zwei konkrete Formen (Termingeld und Aktienfonds) erweisen sich als besonders geeignet. Als Vorbereitung für das nächste Gespräch mit dem Kundenberater seiner Hausbank erstellt er eine Übersicht, um nicht unvorbereitet in das Gespräch zu gehen. Füllen sie die beiden Tabellen zu den Anlageformen aus. Verwenden Sie die Daten aus ▸D3.

Termingeld		
Merkmal		
Laufzeit		
Zinsen		
Sicherheit		
Arten	**Festgeld**	**Kündigungsgeld**
Merkmale		

Vorteile		
Nachteile		

Aktienfonds	
Merkmale	
Laufzeit	
Vorteile	
Nachteil	

4 Endrit Breitling möchte für sich einen Anlagevorschlag erstellen und mit diesem in ein Beratungsgespräch mit dem Finanzberater der Hausbank gehen. Er hat sich bereits eine Aufstellung über seine finanzielle Situation und seine Zukunftsplanungen gemacht. Unterstützen Sie ihn bei der Erstellung eines Anlagevorschlages. Verwenden Sie dazu die Daten aus ▸D4 und aus Auftrag 3.

Mögliche Anlageentscheidung für Endrit Breitling:

DATENKRANZ

D1 Auszug aus dem Prospekt einer Geschäftsbank zur Werbung für ihre Finanzprodukte

Sie haben Geld, das Sie sinnvoll anlegen wollen? Sie haben unterschiedliche Wünsche, wie Sie Ihr Geld anlegen? Wir helfen Ihnen, Ihre Vorstellungen umzusetzen.

Auf dem Finanzmarkt gibt es eine Vielzahl von Möglichkeiten, den unterschiedlichen Wünschen unserer Kunden mit der individuellen Anlage Rechnung zu tragen. Sie äußern Ihre Wünsche, wir nennen Ihnen Ihre Anlageform. Sie finden sich sicher in einer der folgenden Formulierungen:

© Andrey Popov - Fotolia

»Das was ich anlege, will ich gut verzinst sehen«

»Ich will jederzeit und sofort an mein angelegtes Geld kommen, damit ich jederzeit alle meine Ausgaben bestreiten kann«

»Ich brauche eine Anlageform, bei der ich auch meine Zukunft absichern kann.«

»Für mich ist es wichtig, dass mein angelegtes Geld in sicheren Händen ist«

Für uns als Ihr Beratungsunternehmen hat »das Magische Dreieck der Vermögensanlage« eine besondere Bedeutung. Wir wägen Ihre Überlegungen ab und suchen mit Ihnen eine für Sie optimale Anlagestruktur.

D2 Informationstext

Liquidität beschreibt die Verfügbarkeit eines Vermögens in Bargeld. Je schneller und flexibler ein investierter Geldbetrag dem Anleger wieder zur Verfügung steht, desto höher ist die Liquidität der Anlageform.

Rentabilität ergibt sich aus der Höhe des Ertrages der Vermögensanlage. Zu den Erträgen einer Anlage gehören z. B. Zins- und Dividendenzahlungen sowie Wertsteigerungen, zum Beispiel in Form von Kursgewinnen.

Sicherheit: Das Risiko einer Vermögensanlage und damit die Sicherheit, dass das angelegte Kapital erhalten bleibt, kann von verschiedenen Faktoren, wie z. B. der Bonität (Zahlungsfähigkeit) des Schuldners, dem Kursrisiko oder – bei Auslandsanlagen – der politischen Stabilität des Anlagelandes abhängig sein. Indem Sie Ihr Vermögen auf verschiedene Anlageformen streuen, können Sie die Sicherheit Ihrer Anlage erhöhen, z. B. unterschiedliche Wertpapierformen, Vermögensanlagen in verschiedenen Branchen, Ländern und Währungen.

D3 Termingeld und Aktienfonds

Termingeld

Bei Termingeldern handelt es sich um eine bestimmte Form von Einlagen bei Kreditinstituten, die durch eine festgelegte Laufzeit bzw. Kündigungsfrist gekennzeichnet sind. Es gibt keine bestimmten Vorgaben zur Mindestlaufzeit (bzw. Kündigungsfrist) oder Laufzeitbeschränkungen. Dennoch finden Termingeldanlagen üblicherweise kurz- bis mittelfristig statt.

Festgeld und Kündigungsgeld
Man unterscheidet bei Termingeld grundsätzlich zwischen Festgeld und Kündigungsgeld:

- Das Festgeld ist die häufigere Erscheinungsform. Dabei wird das Geld für einen bestimmten Zeitraum auf einem Festgeldkonto angelegt. Während der Festlegungsfrist gilt ein fester Zinssatz. Danach kann über das Geld verfügt werden oder es findet eine (ggf. automatische) Verlängerung statt.
- Kündigungsgeld wird auf einem variabel verzinslichen Konto angelegt. Wird das Geld gekündigt, beginnt eine vorab vereinbarte Kündigungsfrist, nach deren Ablauf das Geld verfügbar ist. Wird nicht verfügt, läuft das Konto bis zu einer erneuten Kündigung wie vorher weiter. In vielen Fällen – aber nicht zwingend – gilt während der Laufzeit der Kündigungsfrist ein fester Zins. Das Kündigungsgeld hat dann einen ähnlichen Charakter wie Festgeld.

Typische Laufzeiten und Fristen
Üblich sind Mindestlaufzeiten (Mindestkündigungsfristen) von einem Monat. Nach oben sind die Laufzeitgrenzen bzw. Kündigungsfristen recht flexibel. Das hängt nicht zuletzt von der Geschäftspolitik des jeweiligen Anbieters ab. Die »normale« Bandbreite bei Festgeldern reicht von Laufzeiten von wenigen Monaten bis zu fünf, sechs Jahren. Die Kündigungsfristen bei Kündigungsgeldern bewegen sich dagegen meist im unterjährigen Bereich.

Höhe des Zinssatzes
Durch die Vereinbarung eines Festlegungszeitraums bzw. einer Kündigungsfrist ist die Verfügbarkeit bei Termingeldern im Vergleich zu täglich verfügbaren Einlagen (Girokonto, Tagesgeld) deutlich eingeschränkt. Für diesen »Liquiditätsverzicht« erhalten die Anleger in der Regel einen Vorteil in Form eines höheren Zinssatzes. Er steigt oft mit der Dauer der Festlegung bzw. Kündigungsfrist. Auch Staffelungen nach der Höhe des angelegten Betrags sind anzutreffen. Vorzeitige Verfügungen sind regulär nicht vorgesehen, werden sie ausnahmsweise zugelassen, ist das fast immer mit dem Verlust des Zinsvorteils verbunden.

Sicherheit
Als Bankeinlagen unterliegen Termingelder den gesetzlichen Vorschriften zur Einlagensicherung. Danach sind Einlagen bis zu einer Höhe von 100.000 Euro gegen Ausfälle gesetzlich geschützt. In Deutschland bieten die Banken über ihre freiwilligen Maßnahmen zur Einlagensicherung sogar noch einen weitreichenderen Schutz. In diesem Sinn ist Termingeld »sicher«.

Termingeld und Anlage
Aus Anlegersicht bieten Termingelder eine interessante Anlagealternative, wenn feststeht, dass das Geld erst in absehbarer, aber überschaubarer Zeit benötigt wird. Auch um Geld vorübergehend zu »parken«, kann eine Termingeldvereinbarung sinnvoll sein. Es ist wegen der eingeschränkten Verfügbarkeit nicht als Liquiditätsreserve geeignet und kommt auch für langfristigen Vermögensaufbau weniger in Betracht, da es hier Möglichkeiten mit besseren Renditen gibt.

Zusammenfassung Termingeld
- Termingelder sind Einlagen bei einer Bank mit fester Laufzeit (Festgeld) oder vereinbarter Kündigungsfrist (Kündigungsgeld);
- die Verfügbarkeit ist dadurch erst zu einem bestimmten Termin gegeben – daher Termingeld;
- Termingelder sind oft höher verzinst als Einlagen mit jederzeitiger Verfügbarkeit;
- als Bankeinlagen unterliegen Termingelder dem gesetzlichen Einlagenschutz.

Quelle: http://www.rechnungswesen-verstehen.de/lexikon/termingeld.php

Aktienfonds

Die **Anlage in Investmentfonds** ist aufgrund der Vielseitigkeit und der großen Flexibilität bei vielen Kunden **sehr beliebt**. Mit der Anlage in Investmentfonds beteiligt man sich zwar an einem Fonds, aber im Gegensatz zur Beteiligung an einer Aktiengesellschaft hat man **keinerlei Stimmrechte und auch ansonsten kein Mitbestimmungsrecht**. Man wird im Prinzip auch nur Eigentümer eines Sondervermögens bzw. eines Teiles, und nicht an der Fondsgesellschaft selbst.

Welche Merkmale weist die Anlage in Fonds auf?
Eines der Hauptmerkmale einer Anlage in Investmentfonds ist sicherlich die große Flexibilität. Diese kommt deshalb zustande, weil man die Fondsanteile jederzeit kaufen, in andere Fondsanteile tauschen oder verkaufen kann. Zwar sind die klassischen offenen Fondsanteile nicht an der Börse handelbar, aber die Fondsgesellschaft muss die Anteile dennoch jederzeit zurücknehmen. Somit ist auch die schnelle Verfügbarkeit ein wesentliches Merkmal der Anlage in Investmentfonds.

Zu den weiteren sehr wichtigen Eigenschaften gehört auch die Risikostreuung, die durch das Investment in Fonds erzielt wird. In der Fachsprache wird hier auch von Diversifikation gesprochen. Gemeint ist damit, dass die Fonds immer in viele verschiedene Produkte investieren. So investiert ein Aktienfonds nicht nur in eine Aktie, sondern in die Aktien vieler Gesellschaften.

Dies führt zu einer Streuung des Risikos, denn selbst wenn eine AG insolvent werden sollte, ist der Verlust des Fonds relativ gering.

Die wesentlichen Merkmale der Fondsanteile sind demnach:

- hohe Flexibilität,
- große Auswahl an Fonds,
- schnelle Verfügbarkeit des Kapitals,
- Risikostreuung,
- professionelles Fondsmanagement.

Risiko und Ertrag bei Investmentfonds
Grundsätzlich gehört die Anlage in **Investmentfonds** zu den ganz wenigen Investments, bei denen der Anleger kein Emittentenrisiko hat. Selbst die als sehr sicher geltenden Bundeswertpapiere weisen stets ein gewisses Emittentenrisiko auf, nicht aber die Fonds. Denn das Kapital der Anleger wird von dem Eigentum der Fondsgesellschaft getrennt und als Sondervermögen verwahrt. Somit würde dieses Anlegerkapital aus der möglichen Insolvenzmasse fallen.

Fernab der bereits erwähnten Risikostreuung weisen die verschiedenen Fonds natürlich unterschiedliche Risiken auf. So haben Geldmarktfonds zum Beispiel kaum ein Risiko, während Aktienfonds aufgrund des Investments in Aktien als risikoreicher gelten. Ähnlich ist es mit dem Ertrag bei Investmentfonds, denn auch hier muss zwischen den verschiedenen Fondsarten unterschieden werden.

Quelle: http://www.rechnungswesen-verstehen.de/finanzen/fondsanteile.php

D4 Finanzstatus für Endrit Breitling

monatlich mögliche Sparleistung	150 EUR
mögliche Steigerung der monatlichen Sparleistung	*Ja, in Abhängigkeit vom zukünftigen Einkommen*
vorhandenes Kapital	3.500 EUR *(bisheriges Sparguthaben)*
grundsätzliche Haltung zu Geld	*»bin zu Risiken bereit, wenn die später auch belohnt werden«*
Zukunftsplanung	*In 15–20 Jahren kann der Kauf einer Wohnung erfolgen. Bis dahin sollte sich das eingesetzte Kapital konsequent vergrößern.*

AUSGANGSSITUATION

Lernsituation **15**

Kap 2.9

Kreditwürdigkeit, Form und Inhalt von Verbraucherdarlehen

Der 19-jährige Martin Bender wird in diesem Jahr seine Ausbildung zum Elektroniker beenden. Da aufgrund seiner Zeugnisse ein sehr guter Abschluss zu erwarten ist, hat er bereits von seinem Ausbildungsbetrieb ein Übernahmeangebot zu sehr guten Bedingungen erhalten und angenommen. Nach der Prüfung in wenigen Wochen möchte er mit seiner Freundin Lisa Lehmann zusammen in eine gemeinsame kleine Wohnung ziehen. Lisa ist ebenfalls 19 Jahre alt und hat ihre Ausbildung zur Konditorin bereits abgeschlossen. Sie arbeitet seit ein paar Monaten in einer Konditorei.

Was die Ausstattung der neuen Wohnung betrifft, haben die beiden sehr konkrete Pläne. Die gesamten Anschaffungen würden ca. 3.000 EUR kosten. Das entspricht ziemlich genau den Ersparnissen, die die beiden haben. Doch Martin braucht auch ein Auto, da von dem gemeinsamen Wohnort Martins Arbeitsplatz nur mit dem Pkw erreicht werden kann. Martin könnte von einem Verwandten den 5 Jahre alten und sehr gut erhaltenen Polo 1.2 Trendline für 5.000 EUR kaufen. Doch dafür reicht natürlich das Ersparte nicht mehr.

Also beabsichtigen die beiden, einen Kredit aufzunehmen. Martin möchte sich erkundigen, was dabei zu beachten ist und welche Voraussetzungen erfüllt werden müssen. In einem ersten Schritt geht er auf die Homepage der Bank, bei der er sein Girokonto hat. Er erfährt, dass zunächst eine Kreditwürdigkeitsprüfung erfolgen muss.

AUFTRÄGE

1 Lesen Sie in Einzelarbeit den Text ▶D1, bearbeiten Sie dann in Arbeitsgruppen:

1 1 Erklären Sie sich gegenseitig die Vorgehensweise der Bank.

1 2 Begründen Sie und halten Sie Ihr Ergebnis fest, warum dieses Vorgehen auch »Kreditwürdigkeitsprüfung« heißt.

____

____

____

1 3 Erstellen Sie eine Liste mit den Informationen, die Sie von Martin noch brauchen.

Beispiele:

____

____

____

____

____

2 Erstellen Sie in der Arbeitsgruppe gemeinsam eine Kapitaldienstberechnung (Tabelle unten). Verwenden Sie dazu auch die Ihnen von Martin übermittelten ergänzenden Informationen in ▸D2.

Warum fragt die Bank nach dem Alter der beiden?

____

Kapitaldienstberechnung	Angaben, Erläuterungen	Beträge
Name und Alter des/der Antragstellers/in	Martin Bender, 19 Jahre Lisa Lehmann, 19 Jahre	
Nettoeinkommen (mtl.)		
Anzahl der Kinder mit Kindergeldanspruch	0	0,00 EUR
Sonstige Einkünfte		
Zwischensumme: monatliche Einkünfte		
Wohnungskosten		
Anzahl Erwachsene im Haushalt		
Anzahl Kinder im Haushalt		
Anzahl Kfz; Pauschale Kfz-Kosten		
Raten für bereits bestehende Kredite		
Regelmäßige Sparbeiträge		
Versicherungsbeiträge		
Sonstige Ausgaben	Mobilfunkvertrag/Internet Vereinsmitgliedschaft	
Zwischensumme: monatliche Ausgaben		
Differenz Einnahmen – Ausgaben		

3 Welche Schlussfolgerungen ziehen Sie? Erarbeiten Sie eine begründete Lösung für Lisa und Martin.

____

____

____ ▸

▶

4 Die beiden kommen schließlich zu dem Schluss, dass sie sich den Anschaffungskredit leisten können, wenn die monatliche Rate 120,00 EUR nicht übersteigt. Mit diesen Überlegungen gehen sie zur Bank. Bereiten Sie das Beratungsgespräch bei der Bank als Rollenspiel in ihren Gruppen vor (▶M11, Seite 130). Jeweils zwei der bestehenden Gruppen werden einander paarweise zugeordnet.

In der einen Gruppe sind folgende Rollen zu verteilen (vgl. Rollenkarte in ▶D3):

- Lisa oder Martin (alternativ: Lisa und Martin), die sich beraten lassen wollen.
- »Souffleur/in« für die beiden, der/die während des Gesprächs »einsagt« und damit helfen darf.
- Beobachter, die das Gespräch verfolgen und sich auf einem Kontrollbogen (vgl. ▶D7) Notizen zum Verlauf machen.

In der anderen Gruppe sind folgende Rollen zu verteilen (vgl. Rollenkarte in ▶D3):

- Bankberater/in, der/die Lisa und Martin berät.
- »Souffleur/in« für Bankberater/in, der/die während des Gesprächs »einsagt« und damit helfen darf.
- Beobachter, die das Gespräch verfolgen und sich auf einem Kontrollbogen (vgl. ▶D7) Notizen zum Verlauf machen.

Wichtig: Es sollten nur die Informationen, die für die jeweilige Rolle angegeben sind, gelesen werden!

Zusammenfassung (vgl. Rollenkarte »Beobachter«, ▶D3):

DATENKRANZ

D1 Auszug aus der Homepage einer Kreissparkasse

Voraussetzungen für einen Privatkreditantrag:

- Sie sind alleiniger Kreditnehmer oder beantragen den Kredit gemeinsam mit Ihrem in häuslicher Gemeinschaft lebenden Partner. Alle Antragsteller sind volljährig.
- Sie handeln im eigenen wirtschaftlichen Interesse und als Privatperson.
- Sie haben ein regelmäßiges Einkommen.
- Ihr Arbeitsverhältnis ist unbefristet.
- Sie haben keine negativen Einträge bei der Schufa.

Folgende Angaben benötigen Sie für Ihren Antrag:

- monatliches Nettoeinkommen,
- Miete und Wohnnebenkosten,
- Anzahl der Personen, die in der Wohnung leben,
- Raten weiterer Kredite,
- Spar- und Versicherungsbeiträge, die Sie monatlich leisten müssen,
- sonstige monatliche Ausgaben (zum Beispiel Abonnements und Vereinsbeiträge).

Aus diesen Angaben erstellen wir eine Kapitaldienstberechnung. Diese stellt dar:

- ob die künftige monatliche Belastung (= Zins und Tilgung), die durch das Darlehen entsteht, tragbar erscheint (Kreditwürdigkeit).
- Hierzu zieht man die Lebenshaltungskosten heran, die in einem Durchschnittshaushalt monatlich anfallen.
- Dieser Betrag muss nach Abzug aller »festen« Verpflichtungen (Miete, Versicherungen, etc.) und der Darlehensrate mindestens übrig bleiben.
- Die Standardwerte für die durchschnittlichen Lebenshaltungskosten bei unserer Bank betragen:
  - 1 Person im Haushalt: 800,00 EUR
  - 2 Personen im Haushalt: 1.200,00 EUR
  - für jedes Kind im Haushalt: 200,00 EUR
  - zuzüglich evtl. Pauschalbeträge (z. B. 150,00 EUR Unterhaltskosten für einen PKW)

Quelle: https://bankingportal.ksk-sigmaringen.de/portal/portal/ (ergänzt und abgeändert.)

D2 Merkzettel von Martin und Lisa

	Martin	Lisa
Bruttogehalt	2.200,00 EUR	1.550,00 EUR
Nettogehalt (gerundet)	1.350,00 EUR	900,00 EUR
Rentensparvertrag	100,00 EUR	-
Sonstige Sparbeträge	150,00 EUR	100,00
Haftpflichtversicherung	60,00 EUR jährlich	-
Berufsunfähigkeitsversicherung	120,00 EUR jährlich	-
Tennisverein	–	60,00 EUR jährlich
Handyvertrag (monatlich)	15,00 EUR	15,00 EUR
Kredit für Handy (monatlich)	60,00 EUR	40,00 EUR
2-Zimmerwohnung		
– Miete	420,00 EUR	
– Strom, Wasser	30,00 EUR	
– Heizung	60,00 EUR	
– Müllabfuhr	10,00 EUR	
Internetflatrate für Wohnung	10,00 EUR pro Monat	
Ich gebe Nachhilfe für Achim (2. Klasse Elektroniker)	100,00 EUR monatlich	

D3 Rollenkarten

Lisa und Martin (möchten einen Kredit); alternativ: nur Martin geht zur Beratung

Die beiden gehen zur Bank, um sich beraten zu lassen. Sie nehmen ihre Kapitaldienstberechnung sowie ihren Merkzettel mit den gesammelten Angaben mit. Sie überlegen sich sehr gründlich, wie sie begründen können, wofür sie den Kredit benötigen.
Folgende Dinge interessieren die beiden noch:

- Können sie einen Kredit erhalten, d. h., sind sie kreditwürdig.
- Wie lange müssen sie ihren Kredit abbezahlen, wenn sie maximal 120,00 EUR im Monat bezahlen können?
- Wie teuer ist der Kredit, wie hoch sind die Kreditzinsen? Was versteht man unter Nominalzinssatz und effektivem Zinssatz? (▸D5) Fallen noch andere Kosten an?
- Wie sieht der gesamte Finanzierungsplan über die Laufzeit aus?
- Brauchen sie noch Sicherheiten? Wird die Bank eine Schufa-Auskunft einholen?
- Welche Angaben müssen sie machen, um den Kreditvertrag zu schließen?

Bankangestellte/r Frau oder Herr Müller (berät die Kreditantragsteller Lisa und Martin)

Die/der Beratende muss penibel darauf achten, alle gesetzlich vorgeschriebenen Informationen zu geben und den beiden Ratsuchenden alle Formvorschriften zu erläutern. Darüber hinaus möchte sie/er natürlich den Kreditabschluss erreichen, da es dafür Provision gibt. Dabei darf sie/er aber nicht aufdringlich erscheinen. Weitere Informationen gibt es in der Handreichung für Mitarbeiter seiner Bank »Gesetzliche Anforderungen an einen Kreditvertrag« (▸D4) und in der Erläuterung in ▸D5.
Da sie/er bereits bei der Terminvereinbarung mit Martin Bender ein paar grundsätzliche Informationen erhielt, hat sie/er bereits am PC zwei alternative Tilgungspläne erstellt (▸D6).

Beobachter/in (beobachten das Beratungsgespräch und machen sich Notizen über Verlauf, Vollständigkeit usw.)

Die/der Beobachter/in macht sich anhand des Beobachtungsbogens Notizen während des Gesprächsverlaufs. Diese Aufzeichnungen sind nach dem Rollenspiel die Grundlage für die Auswertung, Diskussion und Zusammenfassung (▸D7).
Der/die Beobachter/in ist ganz am Schluss dafür zuständig, die Ergebniszusammenfassung zu leiten. Das Ergebnis sollte gemeinsam schriftlich fixiert werden. Dieses Ergebnis sollte die Formvorschriften für einen Kreditvertrag und die Mindestinhaltspunkte des Vertrages enthalten.

D4 Gesetzliche Anforderungen an einen Kreditvertrag

Bestimmungen über Ratenkredite enthält grundsätzlich das Bürgerliche Gesetzbuch. Es enthält alle für Ratenkredite notwendigen Formvorschriften, die Banken in jedem Fall einzuhalten haben und über die sie ihre Kunden auch informieren müssen. Darüber hinaus gelten seit Juni 2010 europaweit einheitliche Regeln für Kreditverträge.

Durch diese Regeln sollen in erster Linie die Verbraucher geschützt werden, die eine deutlich schwächere Stellung als die Banken einnehmen. Weiterhin haben Verbraucher oft nur wenige Kenntnisse über Kredite. Durch eine erhöhte Aufklärung und die Vorschriften zum Kreditvertrag soll es Kunden ermöglicht werden, eine Übersicht zu behalten, um zum Beispiel rechtswidrige Verträge erkennen zu können.

Ratenkredite müssen schriftlich vereinbart werden. Weiterhin muss der Kreditvertrag gewisse Mindestangaben enthalten.

Zu den Mindestangaben im Kreditvertrag gehören die Kreditsumme, die Art und Weise der Rückzahlung, der Zinssatz und effektive Jahreszinssatz sowie die Gesamtkosten, die durch diesen Kredit entstehen. Hierzu sind bei der Beratung konkrete Rechenbeispiele vorzulegen und zu erläutern. Auch detaillierte Tilgungspläne sind vorzulegen.

Die Angabe der Zinsen in Form des Effektivzinssatzes ist nicht nur aufgrund des BGB notwendig, sondern soll dem Kunden auch die Möglichkeit geben, verschiedene Kredite miteinander vergleichen zu können.

Der Antragsteller muss darauf hingewiesen werden, wenn eine Auskunft bei der Schufa (Schutzgemeinschaft für allgemeine Kreditsicherung) eingeholt wird. Die Schufa ist der größte Auskunftgeber über die Kreditwürdigkeit privater Schuldner in Deutschland. Gespeichert sind zum einen persönliche Angaben wie Name, Geburtsdatum und Geschlecht. Zum anderen sind das die Zahl der eröffneten Konten, laufende Verträge oder offene Forderungen; zu Verträgen zählen zum Beispiel Kredit-, Leasing- oder Handyverträge.

Werden Sicherheiten für den Kredit notwendig, müssen auch diese im Kreditvertrag aufgeführt und benannt sein. Fehlen sie, muss der Kunde die Sicherheiten nicht zur Verfügung stellen.

Ein Ratenkredit kann jederzeit ganz oder teilweise zurückgezahlt werden. Die sogenannte Vorfälligkeitsentschädigung, die die Bank dann verlangen kann, darf abhängig von der Restlaufzeit maximal 0,5 % bis 1,0 % betragen.

In allen Ratenkreditverträgen muss eine Widerrufsbelehrung enthalten sein. Sie gibt dem Kreditnehmer das Recht, den Kreditvertrag innerhalb von zwei Wochen (nach Abschluss) schriftlich zu widerrufen, und zwar ohne Angabe irgendwelcher Gründe. Der Widerruf kann also zum Beispiel erfolgen, weil ein günstigeres Angebot gefunden wurde, er kann aber auch getätigt werden, weil etwa die Kreditbedingungen nicht den Wünschen des Kreditnehmers entsprechen.

Sofern diese Widerrufsbelehrung fehlt, kann der Kreditnehmer auch nach Ablauf der Frist den Ratenkredit kündigen. Eine solche Kündigung muss in jedem Fall schriftlich erfolgen, was nur per Brief möglich ist.

Der Kreditnehmer sollte auf die Möglichkeit hingewiesen werden, eine Restschuldversicherung abzuschließen. Diese beträgt einmalig 20 % der Kredithöhe pro versicherter Person, wird zusätzlich berechnet und muss sofort entrichtet werden. Sie deckt bei einem Zahlungsausfall wegen Arbeitslosigkeit, Arbeitsunfähigkeit oder Tod des Versicherten die Tilgung der Rechtsschuld ab.

Als Kreditnehmer bekommt man natürlich eine Ausfertigung des Kreditvertrages ausgehändigt. Sofern mehrere Kreditnehmer existieren, erhält jeder einen separaten Kreditvertrag. Auch bei Ehegatten wird meist beiden ein eigener Vertrag zur Verfügung gestellt.

Quelle: http://www.ratenkredit.net/ratgeber/kreditvertrag/ (ergänzt und geändert)

D5 Unterschied zwischen Nominalzinssatz und effektivem Zinssatz

Der Nominalzinssatz bezeichnet die »Zinskosten« oder die »Entschädigung«, welche die Bank für den Kredit verlangt und wird als Prozentsatz auf die Kreditsumme angegeben: Wenn Sie sich 1.000 Euro leihen und nach genau einem Jahr der Bank 1.050 Euro zurückgeben, beträgt sowohl der Nominal- als auch der Effektivzinssatz 5 %. In diesem Fall gibt es also keinen Unterschied zwischen Nominal- und Effektivzinssatz.

Üblich ist nun aber, den Kreditbetrag nicht in einer Summe, sondern in monatlichen Raten zurückzuzahlen. Berücksichtigt man die Zinseszinsen, zahlen wir der Bank auf das Jahr gesehen nämlich tatsächlich etwas mehr als die vereinbarten 5 % Zinsen. Da die erste Zinszahlung bereits nach einem Monat erfolgt, erhält die Bank ihr Geld in 11 von 12 Fällen quasi »zu früh« und kann es bis zum Jahresende zum selben Zinssatz gewinnbringend verleihen. Uns wiederum entgeht dieser Gewinn aus dem Zinseszinseffekt. Der effektive Jahreszinssatz berücksichtigt diesen Zinseszinseffekt sowie die genauen Zeitpunkte der Zinszahlungen und beträgt im Beispiel ca. 5,12 %.

Der zweite wichtige Unterschied zwischen Effektivzinssatz und Nominalzinssatz bezieht sich auf die Abbildung der Gebühren und sonstigen Kosten eines Kredits. Während der Nominalzinssatz lediglich die reinen Zinskosten widerspiegelt, bezieht der effektive Jahreszinssatz auch weitere, zusätzlich anfallende Gebühren und Kosten mit ein.

Entscheidend beim Vergleich unterschiedlicher Kreditangebote sowie bei der genauen Berechnung der Kreditkosten ist der effektive Jahreszinssatz. Dieser muss von der Bank errechnet und dem Kreditnehmer vor der Kreditvergabe mitgeteilt werden.

Quelle: http://www.finanzen-rechner.net/kredit/effektiver-jahreszins.html (ergänzt und geändert)

D6 Kreditrechnerergebnis für Ratenkredit

Der Kreditrechner berechnet für Annuitätendarlehen (d. h. Zinsen und Tilgung zusammen in gleichbleibenden Raten über die Kreditlaufzeit) die zu zahlenden Raten. Darüber hinaus wird der effektive Jahreszinssatz berechnet und ein detaillierter Tilgungsplan erstellt.

Kenndaten (weiße Felder ausfüllen, markiertes Feld wird berechnet)		Was berechnen?
Kreditbetrag:	Euro	○ Kreditbetrag berechnen
☐ Bearbeitungsgebühr:	keine	
☐ Disagio:	keines	
Zinssatz:	% p. a. nominal	○ Zinssatz berechnen
Rückzahlungsrate:	112,56 Euro	
Ratenintervall:	monatlich	◉ Rate berechnen
Zahlungsart:	nachschüssig	
☐ Abweichende Schlussrate:	nicht abweichend	
Laufzeit der Ratenzahlung:	Jahre	○ Laufzeit berechnen
☐ Tilgungsfreie Zeit:	keine	
Restschuld:	Euro	○ Restschuld berechnen
☐ Auszahlungsmonat:	nicht angegeben	
Rechengenauigkeit:	intern maximal	
	Berechnen	Permanentlink erstellen zu dieser Berechnung

Ergebnis	
Die erforderliche regelmäßige Rate beträgt:	**112,56** Euro (monatlich)
Zinsen und Gebühren gesamt:	**402,88** Euro
Gesamtaufwand:	**5.402,88** Euro
Effektiver Jahreszinssatz:	**3,191** % p. a. (interner Zinssatz)

Quelle: https://www.zinsen-berechnen.de/kreditrechner.php

Ihr Kreditwunsch	Alternative 1	Alternative 2
Kreditbetrag	5.000,00 Euro	5.000,00 Euro
Auszahlungstermin	07.03.2022	07.03.2022
Laufzeit	60 Monate	48 Monate
gebundener Sollzinssatz	4,10 %	3,85 %
effektiver Jahreszinssatz	4,178 %	3,919 %
Ihre Kosten		
Kreditbetrag	5.000,00 Euro	5.000,00 Euro
Nettodarlehensbetrag	5.000,00 Euro	5.000,00 Euro
Summe aller Sollzinsen	538,51 Euro	402,88 Euro
Gesamtbetrag aller Zahlungen	5.538,51 Euro	5.402,88 Euro
Ihre Rückzahlungsdetails		
erste Rate	92,31 Euro	112,56 Euro
fällig am	30.03.2022	30.03.2022
monatliche Rate	92,31 Euro	112,56 Euro
Anzahl weitere monatliche Raten	58	46
Schlussrate	92,22 Euro	112,56 Euro

Quelle: https://www.ksk-sigmaringen.de/privatkunden/kredite_leasing/privatkredit

D7 Beobachtungsbogen

Beobachtungsgegenstand	**Notizen** (Wurden diese Inhalte im Beratungsgespräch beobachtet?)
Beim **Ratenkredit** erfolgt die Rückzahlung in gleichen Monatsraten. Diese enthalten die ▪ Kredittilgung, ▪ Zinsen und ggf. ▪ Gebühren des Kreditinstituts. Im Kreditvertrag muss daher der effektive Jahreszinssatz angegeben werden.	
Hinweis auf die Möglichkeit, eine **Restschuldversicherung** abzuschließen. Die Kosten müssen nicht im effektiven Jahreszinssatz enthalten sein. ▪ Welche Kosten entstehen durch die Restschuldversicherung? ▪ Welche Risiken werden durch die Versicherung abgesichert?	
Kreditantrag/-vertrag Der Antrag eines Kredits muss schriftlich erfolgen. Der Kreditantrag enthält i. d. R. Angaben zu ▪ der Person, ▪ der Rechtsstellung (selbstständig oder Arbeitnehmer) und ▪ der finanziellen Lage des Kreditnehmers, ▪ Sicherheiten, ▪ Höhe und Laufzeit des beantragten Kredits, ▪ Rückzahlungsbedingungen, ▪ dem Verwendungszweck des Kredits. Der schriftlich zu formulierende Kreditvertrag muss darüber hinaus enthalten: ▪ Gesamtbetrag aller zu entrichtenden Raten, ▪ den Zinssatz und alle sonstigen Kreditkosten, ▪ den effektiven Jahreszinssatz.	
Einverständniserklärung zum **SCHUFA**-Verfahren Der Antragsteller wird um die Erlaubnis gebeten, dessen SCHUFA-Daten anzufragen.	
Prüfung der persönlichen und wirtschaftlichen **Kreditwürdigkeit**.	
Mögliche **Kreditsicherheiten** Sicherheiten sind u. a. Bürgschaften, Restschuldversicherung, Sicherheitsübereignung und Lohn- und Gehaltsabtretung	
Kreditzusage **Bereitstellungstermin**	
Verhalten des Beraters Wurden alle notwendigen Informationen gegeben? Wirkte er drängend oder unfreundlich?	
Wurden von **Lisa und Martin alle Fragen** vorgebracht und geklärt?	

AUSGANGSSITUATION

Lernsituation **16**

Kap 2.9.2

Sicherheiten (Sicherungsübereignung, Bürgschaft, Lohnabtretung)

Lisa und Martin kommen glücklich von der Bank zurück. Sie haben grundsätzlich eine Kreditzusage erhalten. Der Rückzahlungszeitraum von 48 Monaten ist zwar länger als sie erhofft hatten, dafür müssen sie aber weniger als 120 EUR monatlich bezahlen und von ihrem Nettoeinkommen bleibt monatlich etwas übrig. Da können sie sich vielleicht noch ein paar hundert Euro für den Urlaub zur Seite legen.

Eines müssen die beiden jedoch noch klären. Der Bankmitarbeiter hat ihnen drei Möglichkeiten genannt, wie ihr Kredit gesichert werden kann. Von einer Bürgschaft hat Martin schon gehört. Er denkt, die würde sein Vater vielleicht übernehmen. Aber mit der Sicherungsübereignung kann er überhaupt nichts anfangen.

Lisa glaubt, das sei so ähnlich wie das aus der Kindheit bekannte Pfänderspiel. Sie habe das immer gerne beim Kindergeburtstag gespielt. Wenn ein Kind während des Spielverlaufs etwas falsch macht, gibt es zur Strafe ein Pfand ab. Dieses bekommt es zurück, wenn es eine besondere, meist lustige Aufgabe erfüllt. Nun hätten sie demnächst mit dem Auto einen Wertgegenstand, den man vielleicht wie ein Pfand einsetzen könnte.

AUFTRÄGE

1 Setzen Sie sich wieder in Arbeitsgruppen zusammen.

1 1 Sie helfen den beiden und überlegen gleich gemeinsam, wie das Pfänderspiel hilfreiche Hinweise für die Sicherung des Autokredits liefern könnte. Gehen Sie dabei auf folgende Fragen ein und notieren Sie Ihre Vorschläge.

- Wie könnte man die Erkenntnisse aus dem Pfänderspiel auf die Kreditsicherung übertragen?
- Was eignet sich nicht so sehr?
- Welche Lösung könnten Sie sich vorstellen?

____

____

____

____

____

____

____

1 2 Fassen Sie nun Ihre Lösung mit einer selbst angefertigten Skizze zusammen, die den Zusammenhang wiedergibt. (Zur Kontrolle finden Sie auf der nächsten Seite eine vorgefertigte aber noch leere Strukturskizze und in ▸D1 im Datenkranz eine Vielzahl von Begriffen. Legen Sie die Begriffe passend in die Skizze und vergleichen Sie mit Ihrem eigenen Vorschlag (▸M15, Seite 134).

1 3 Erläutern Sie der Klasse mittels der Skizze die Kreditsicherungsart, und nennen Sie dabei die Vorteile für die Bank und für den Kreditnehmer.

Kreditsicherung mit Sicherungsübereignung

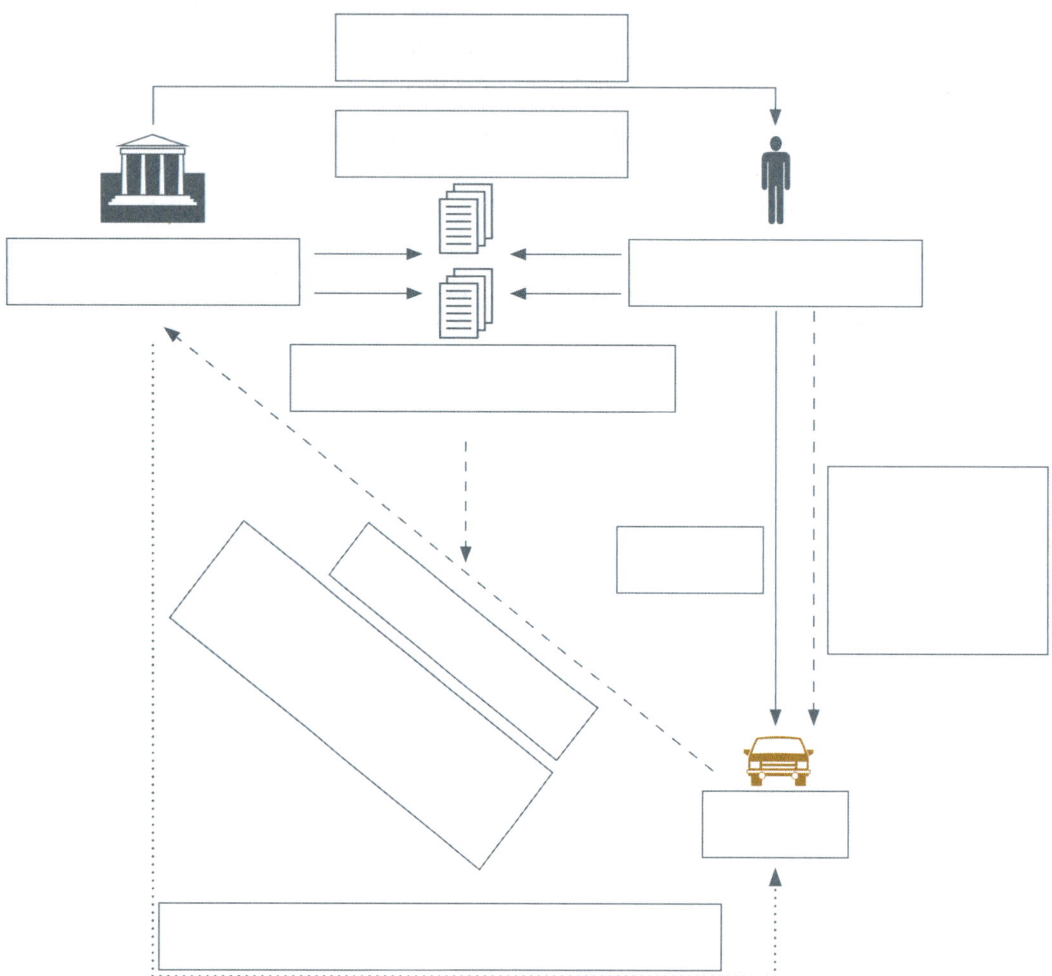

2 In einer zweiten Gruppenarbeitsphase beschäftigen Sie sich mit der Bürgschaft.

2 1 Sammeln Sie zunächst alles, was die einzelnen Gruppenmitglieder über eine Bürgschaft wissen. Notieren Sie jeweils einen Gedanken auf ein Kärtchen (▸M1, Seite 120).

2 2 In ▸D2 finden Sie einen Auszug aus einer Broschüre eines Verbraucherkreditberaters. In ihr wird die Bürgschaft erläutert. Lesen Sie diese Information. Markieren Sie die Begriffe, die Ihnen wichtig erscheinen (▸M14, Seite 133). Sollten Sie etwas nicht verstehen, versuchen Sie es untereinander zu klären oder holen Sie Ihren Lehrer zuhilfe.

2 3 Erstellen Sie nun ein Schaubild (ähnlich dem zur Sicherungsübereignung), das den Zusammenhang der Bürgschaft deutlich macht (▸M15, Seite 134).

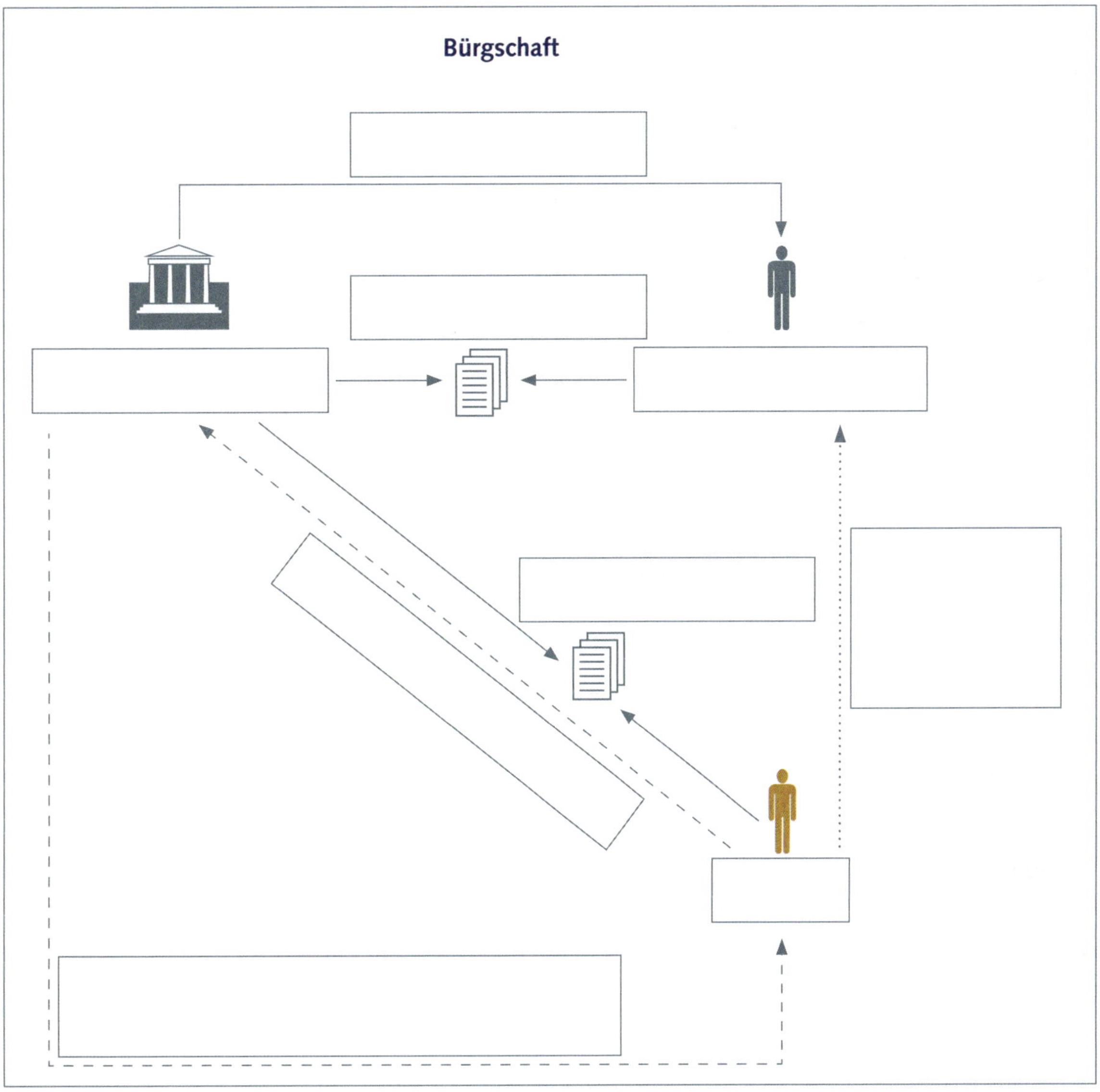

3 Die dritte mögliche Sicherung ist die Lohn- oder Gehaltsabtretung. Sie sehen in ▸D3 eine Strukturskizze, die Ihnen diese verdeutlicht. Erklären Sie sich in Partnerarbeit die dargestellten Zusammenhänge.

4 Begründen Sie, welche Sicherungsart Sie Lisa und Martin empfehlen würden. Stellen Sie dazu zunächst die Vor- und Nachteile einander gegenüber.

Sicherungsart	Vorteil	Nachteil
Sicherungsübereignung		

▸

Sicherungsart	Vorteil	Nachteil
Bürgschaft		
Lohn-/Gehaltsabtretung		
Empfehlung:		

DATENKRANZ

D1 Skizze zur Sicherungsübereignung

Bank wird Eigentümerin
(bis zur Rückzahlung des Kredits)

Kreditvertrag

Kreditnehmer

Kauf

Sicherheit für Kredit

Kreditgeber (Bank)

Kreditsumme

Sicherungsübereignungsvertrag

Auto

Kreditnehmer bleibt Besitzer

Ausbleibende Kreditrückzahlung ▸ Zugriff

D2 Bürgschaft

Bürgschaften werden am häufigsten von Ehegatten oder Familienangehörigen gestellt, zum Beispiel bürgt der Ehemann für die Existenzgründung der Ehefrau oder die Eltern übernehmen die Verantwortung für den Kredit eines Kindes. Was in der Praxis gerne verdrängt wird: Im Zweifelsfall haftet der Bürge in vollem Umfang für die Kreditrückzahlung – so als wäre er selbst der Kreditnehmer. Das ist ja der Sinn einer Bürgschaft aus Sicht des Kreditgebers.

Neben dem eigentlichen Kreditvertrag kommt die Bürgschaft durch einen zusätzlichen Vertrag zwischen dem Kreditgeber (Bank) und dem Bürgen zustande. Es gibt also zwei Verträge. Wenn Verbraucher bürgen sollen, ist stets eine schriftliche Bürgschaftsvereinbarung erforderlich. Eine Kündigung der Bürgschaft ist nur möglich, wenn im Bürgschaftsvertrag ein Kündigungsrecht vereinbart wurde. Wenn nichts anderes vereinbart wurde, ist die Bürgschaft zeitlich unbegrenzt und unkündbar. Sie erlischt erst, wenn die zugrundeliegende Forderung beglichen wurde. Im Idealfall sollte eine Bürgschaftsverpflichtung also sowohl durch einen zeitlichen Rahmen als auch eine maximale Bürgschaftssumme begrenzt werden.

Eine nicht näher bezeichnete Bürgschaft ist immer eine »Ausfallbürgschaft«. Eine Ausfallbürgschaft ist die für Bürgen angenehmste Variante. Hierbei muss der Bürge nur einstehen, wenn der Kreditgeber nachweisen kann, dass im Vorfeld tatsächlich alle rechtlichen Mittel bis zur Zwangsvollstreckung gegen den ursprünglichen Kreditnehmer ausgeschöpft wurden.

Eine selbstschuldnerische Bürgschaft wird von Kreditgebern bei einem Kredit mit Bürgen bevorzugt. Hier haftet der Bürge so, als wäre er selbst der Kreditnehmer. Der unangenehme Nebeneffekt: Es reicht die Aussage des eigentlichen Kreditnehmers, dass Zahlungsunfähigkeit vorliegt – schon darf die Bank den Bürgen in Beschlag nehmen. Eine tatsächliche Zahlungsunfähigkeit des Hauptschuldners muss nicht gerichtlich festgestellt werden.

Wenn der Bürge von der Bank zur Zahlung belangt wurde, hat er in jedem Fall hat ein Rückforderungsrecht (Regressforderung) gegen den Kreditnehmer, d. h., er hat Anspruch auf Erstattung der an die Bank bezahlten Summe.

Quelle: http://www.kredite.org/ratgeber/kredit-mit-buergschaft/
(ergänzt und abgeändert.)

D3 Lohn-/Gehaltsabtretung

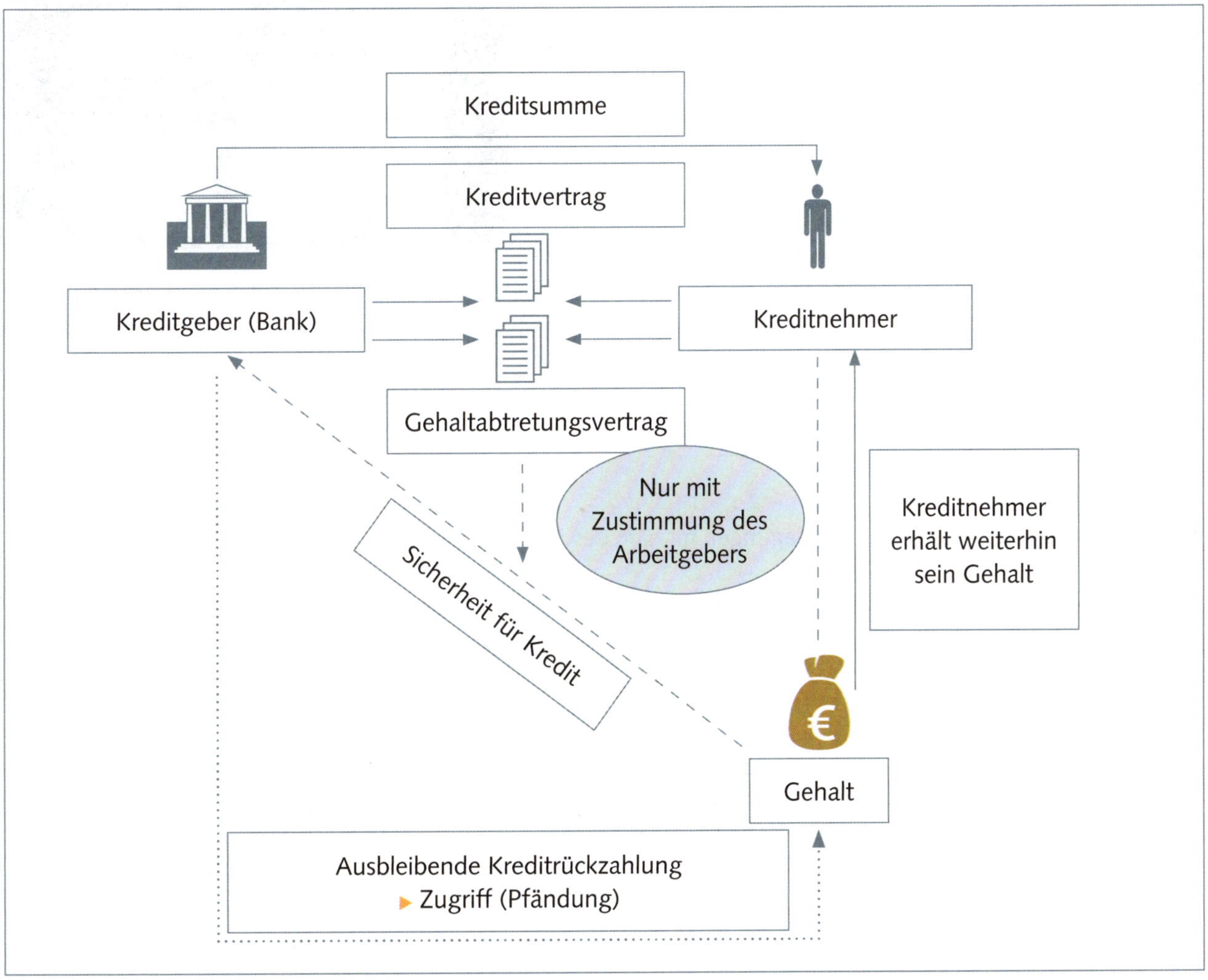

Lernsituation 17

Kap 2.10

Gefahren der eigenen Überschuldung

Während der Mittagspause in der gewerblichen Berufsschule unterhalten sich drei angehende Elektroniker/innen im 2. Ausbildungsjahr über den bevorstehenden Sommerurlaub.

Jonas: »Es wird Zeit, dass die Ausbildung zu Ende geht. Ich komme mit meinen 28 Urlaubstagen fast nicht mehr hin. Für den Sommerurlaub habe ich gerade noch 15 Tage zur Verfügung.«

Lauren: »Ich habe zwar noch 20 Tage zur Verfügung, aber dass wir unseren Urlaub immer in den Schulferien nehmen müssen, in denen bekanntlich die Preise am höchsten sind, nervt.«

Ruben: »Das ist auch genau der Grund, warum bei mir der Urlaub dieses Jahr ins Wasser fällt. Kein Geld, kein Urlaub! Dabei könnte ich ihn so dringend gebrauchen.«

Lauren: »Wenn du kein Geld hast, dann nimm doch einen Kredit auf. Urlaub gerettet, und du hast ein Jahr lang Zeit, die Schulden zurückzuzahlen.«

Jonas: »Leute, entschuldigt mal, wer ist so blöd und fährt auf Pump in den Urlaub.«

Lauren: »Jonas, ich muss dich enttäuschen. Schau dir mal diese Grafik in meinem Smartphone an.«

Ruben: »Ja, das ist dann meistens der Anfang vom Ende. Du findest fast monatlich Berichte in den Medien, dass immer mehr Menschen wie du und ich in die Verschuldung schlittern und dann wegen Überschuldung große Probleme bekommen.«

Jonas: »Sagt mal, seid ihr etwa auch gefährdet? Ich wüsste gar nicht, wie man soviele Schulden anhäufen kann, dass ich mehr Schulden als Einkommen oder Vermögen habe.«

Lauren: »Ich habe mir sagen lassen, das geht schneller, als viele denken.«

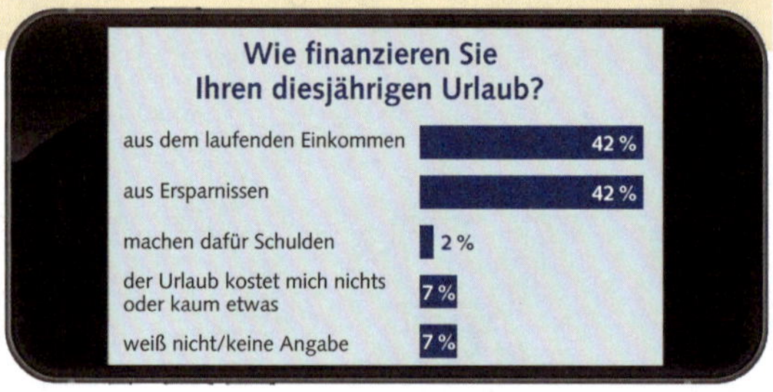

AUFTRÄGE

1 Denken Sie die Aussage von Lauren weiter und sammeln Sie mit Ihrem Nachbarn Gründe und Ursachen, warum private Haushalte/Verbraucher Schulden machen und damit in die Überschuldung rutschen können.

2 Ergänzen Sie Ihre eigenen Überlegungen mithilfe des Materials aus ▸D1.

3 Ruben spricht von großen Problemen, die wegen Überschuldung auftreten können. Formulieren Sie Folgen, die Ruben gemeint haben könnte, die sich aus dem Schuldenmachen bzw. der Überschuldung für den Einzelnen ergeben können (▸D1).

4 Neben der Grafik zur Finanzierung des Urlaubs hat Lauren weitere Grafiken gefunden, die zum Thema Überschuldung passen. Sie formuliert zu jedem Schaubild in ▸D2 eine Aussage. Sie verbindet diese Aussagen und hält in der Berufsschule einen Kurzvortrag in der Länge von etwa drei bis fünf Minuten zum Thema »Überschuldung«. Führen Sie diese Tätigkeiten ebenfalls durch.

Schaubild »Schuldner und Schuldnerquoten«	**Schaubild »Überschuldungsauslöser«**
Schaubild »Altersgruppen«	**Schaubild »Schuldneratlas«**

▸

Kurzvortrag
Einleitung:
Hauptteil:
Schluss:

5 Jonas fragt seine Mitschüler nicht ohne Grund, ob sie gefährdet seien, zu viele Schulden anzuhäufen bzw. sogar als überschuldet zu gelten. Er hat am Beispiel seines Freundes Tobias miterlebt, was es bedeutet, so viele Schulden zu haben, sodass nur noch der Weg zur Schuldnerberatung übrig bleibt. Versuchen Sie sich in die Rolle von Tobias zu versetzen. Mit welchen Erwartungen geht eine verschuldete/überschuldete Person zu einer Schuldnerberatungsstelle und was kann diese konkret für die Betroffenen tun? (▸D3)

Was macht eine Schuldnerberatung?

6 In der Schuldnerberatung ist Tobias aufgefordert worden, einen Haushaltsplan zu erstellen. Erstellen Sie diesen Haushaltsplan für einen kompletten Monat, indem Sie Ihre eigene monatliche Lebensführung als Basis nehmen.

Haushaltsplan, monatliche Fixkosten

Einnahmen	**EUR**	**Ausgaben**	**EUR**
Lohn		Miete	
Gehalt		Heizkosten	
Leistungen von …		Strom	
Arbeitsamt		Gas	
Krankengeld		Unterhalt	
Sozialhilfe		Summe Versicherungen [1)]	
Grundsicherung		Summe Kosten PKW [2)]	
Rente		Rundfunk/Fernsehen	
		Zeitung/Zeitschrift/Abos	
Kindergeld		Vereinsbeiträge/Hobby	
Erziehungsgeld (bis wann)		Gewerkschaftsbeiträge	
Wohngeld (bis wann)		Kita/Hort	
Beihilfen		Haustier	
Unterhalt		Telefon	
Unterhaltsvorschuss (bis wann)		Fahrtkosten	
Sonstiges		Rate für …	
		Rate für …	
		Rate für …	
		Kontoführungsgebühren	
		Sollzinsen	
		Sonstiges	
Summe		**Summe**	

1) und 2): Siehe Berechnungstabellen auf der Folgeseite

▶ Gesamteinnahmen/Gesamtausgaben

	Summe Einnahme		EUR
–	Summe Ausgabe		EUR
=	Zwischensumme*		EUR
–	Lebenshaltungskosten**		EUR
=	Rest***		EUR

* Bei der Zwischensumme sind die Ausgaben für Lebensmittel, Kleidung, Hygiene usw. noch nicht berücksichtigt

** sollen zumindest ca. 250,00 EUR bei Alleinstehenden betragen, 125,00 EUR bis 200,00 EUR zusätzlich für jeden Haushaltsangehörigen

*** frei verfügbarer Einkommensanteil

[1] **Versicherungen**	**Zahlweise**	**Gesamtbetrag in EUR**	**Betrag pro Monat in EUR**
	(monatlich, quartalsweise, halbjährlich, jährlich)		
1. private Haftpflichtversicherung			
2. Hausratversicherung			
3. Unfallversicherung			
4. Lebensversicherung			
5. Rechtsschutzversicherung			
6. Glasversicherung			
7. private Krankenversicherung			
8. Krankenzusatzversicherung			
9. private Rentenversicherung			
10. Sonstige			
11. Sonstige			
Summe			

[2] **Kosten für Pkw/Motorrad (pro Monat)**	**EUR**
Kfz-Steuer	
Kfz-Versicherung	
laufende Kosten (z. B. Öl)	
Rücklage Reparatur	
Benzin	
Summe	

7 Die Situation für Tobias ist aussichtslos, sodass jetzt nur noch die Verbraucherinsolvenz mit der Restschuldbefreiung infrage kommt. In ▸D3 finden Sie eine Broschüre zum Thema »Privatinsolvenz«. Nehmen Sie diese Broschüre als Grundlage. Gestalten Sie zur Information für Tobias die anstehenden Elemente zu einem Schaubild über den Ablauf des Verbraucherinsolvenzverfahrens. Kopieren Sie die Elemente, schneiden Sie diese aus und kleben Sie sie auf. Nehmen Sie dazu ein DIN A4-Blatt quer (Seite 114; ▸M15, Seite 134).

Verweigert auch nur ein Gläubiger die Zustimmung

Lehnt die Mehrheit der Gläubiger ab

Hat der Schuldner sich nicht »redlich« verhalten

Erfüllt der Schuldner den Schuldenbereinigungsplan

Erfüllt der Schuldner die vereinbarten Zahlungen

Erfüllt der Schuldner alle Vorgaben

72 Monate

gescheitert

gescheitert ▸

gescheitert ▸

schuldenfrei

schuldenfrei

schuldenfrei

Antrag auf gerichtliches Insolvenzverfahren

Aufhebung des gerichtlichen Insolvenzverfahrens

Gerichtliches Insolvenzverfahren

- Anmeldung der Forderungen durch die Gläubiger
- Überprüfung und Feststellung der Forderungen
- Feststellung und Verwertung des Einkommens und Vermögens des Schuldners
- Abführung des pfändbaren Einkommens für 72 Monate und Erfüllung der Vorgaben
- Zustimmung der Gläubiger nicht notwendig

Außergerichtlicher Einigungsversuch

- Der Schuldner unterbreitet Vorschlag zur Schuldenbereinigung.
- Alle Gläubiger müssen einverstanden sein.

Wohlverhaltensperiode

- Erfüllung der Vorgaben

Schuldenbereinigungsplan

- Versuch einer gütlichen Einigung mithilfe des Gerichts.
- Wenn die Mehrheit der Gläubiger zustimmt, kann das Gericht die Ablehnung einzelner Gläubiger durch Zustimmung ersetzen.
- Bei Aussichtslosigkeit wird das Verfahren übersprungen.

Ablauf Verbraucherinsolvenzverfahren

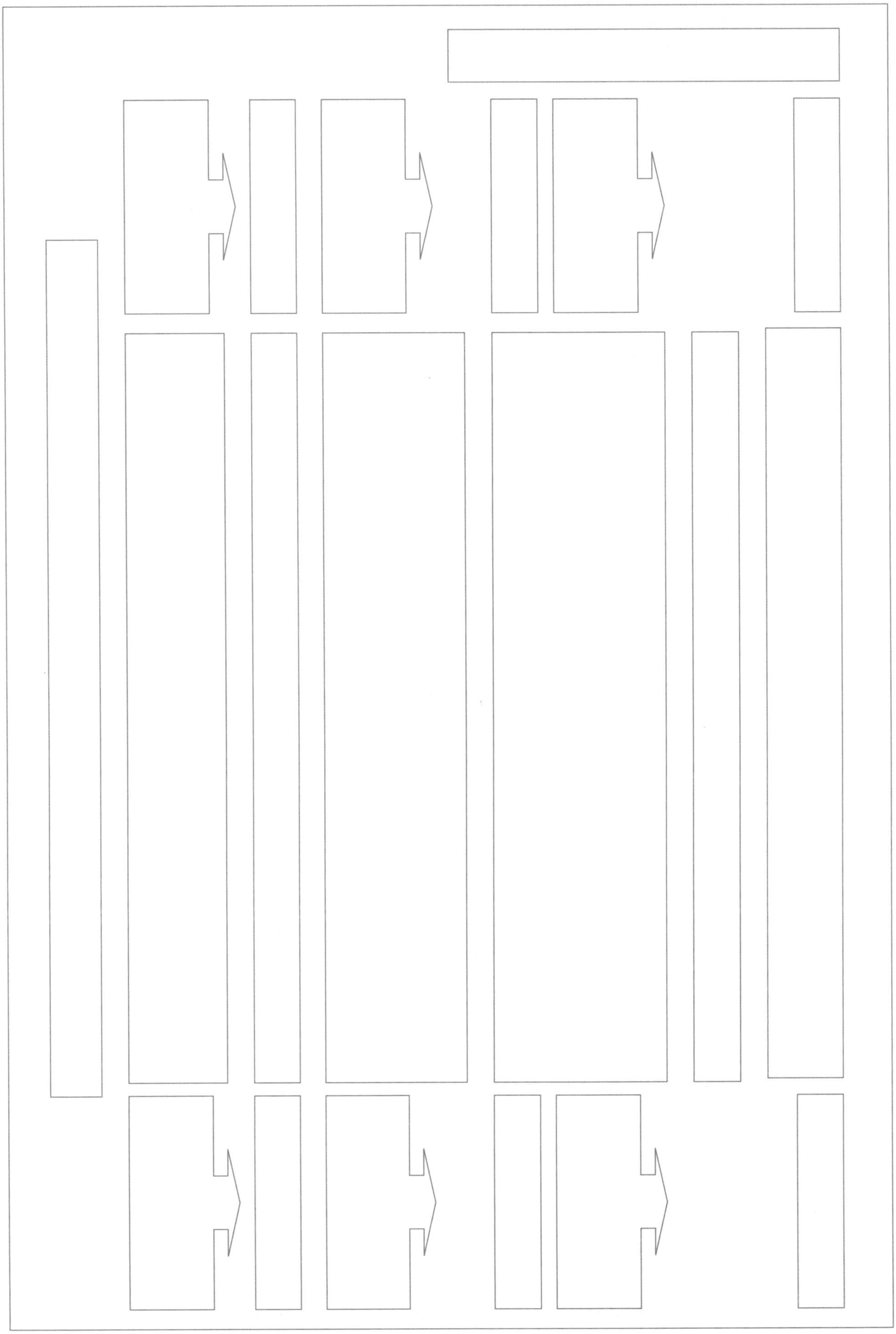

DATENKRANZ

D1 Medienberichte und Statistikdaten zum Thema Überschuldung

Arbeitslosigkeit wird als Grund für Überschuldung wieder wichtiger
Durch Jobverlust in der Coronakrise drohen schon bald mehr Menschen in die Überschuldung zu rutschen. Das Hamburger Institut für Finanzdienstleistungen rechnet mit einer Verzögerung von zwei Jahren.

Nach Inflation und Kurzarbeit könnte die Privatverschuldung zu einem weiteren großen Problem im Zuge der Pandemie werden. Das geht aus dem aktuellen Überschuldungsreport hervor, den das gemeinnützige Institut für Finanzdienstleistungen (iff) in Hamburg zusammen mit »Deutschland im Plus«, einer Stiftung für private Überschuldungsprävention, veröffentlicht hat.

»Wie bei der Finanzkrise 2007/2008 ist auch bei der globalen Gesundheitskrise damit zu rechnen, dass sich die Auswirkungen auf die Überschuldungsstatistik mit einer Verzögerung von rund zwei Jahren zeigen werden«, sagt Sally Peters, Geschäftsführerin des iff. Die Menschen schöpften erst alle anderen Optionen aus, ehe sie zur Schuldnerberatung gehen. 6,85 Millionen Menschen in Deutschland gelten, wie es in dem Bericht heißt, als überschuldet. Das sind im Vergleich zu 2019 etwas weniger (6,92 Millionen), doch die Folgen der Krise sind auch erst mit Verzögerungen spürbar.

Einkommensarmut treibt mehr in die Überschuldung
Im Zuge der Coronakrise gewinnen Arbeitslosigkeit und Kurzarbeit als Gründe für Überschuldung an Bedeutung. Gingen laut iff 2019 nur 19 Prozent der Fälle auf sie zurück, waren es 2020 bereits 22,7 Prozent. Es sei deshalb zu befürchten, dass sich »die Folgen der Coronapandemie in den kommenden Jahren in steigenden Überschuldungszahlen und einer steigenden Überschuldungstiefe niederschlagen werden«, sagte Peters. Hinzu kommt: Immer mehr Menschen rutschen wegen Einkommensarmut in die Überschuldung, inzwischen trifft dies laut iff auf 11,36 Prozent der Menschen zu. 2011 habe der Anteil noch bei 3,61 Prozent gelegen.

Ein weiterer häufiger Grund für Privatüberschuldung sind Scheidungen. Sie waren laut iff 2020 verantwortlich für 9,74 Prozent der Fälle nach 9,62 Prozent 2019. Auf Krankheit gingen zuletzt 11,22 Prozent der privaten Überschuldungsfälle zurück (2019: 10,89 Prozent). Zu den weiteren Ursachen zählen demnach Sucht, Haushaltsgründung beziehungsweise die Geburt eines Kindes, schlechte Kreditberatung oder gescheiterte Selbstständigkeit.

Privatleute gelten dann als überschuldet, sobald sie ihren finanziellen Verpflichtungen längerfristig nicht mehr nachkommen können und sich dies absehbar auch nicht ändert. Die meisten Betroffen haben Schulden von weniger als 10.000 Euro.

Quelle: SPIEGEL ONLINE, 11.01.2021, https://www.spiegel.de/wirtschaft/soziales/corona-folgen-arbeitslosigkeit-wird-als-grund-fuer-private-ueberschuldung-wieder-wichtiger-a-c039ff6e-5fd0-42e9-b2d6-c09488829bb1

Konsum

Mehr als jeder Zehnte ist überschuldet
Stabiles Wachstum und eine geringe Arbeitslosigkeit haben den Trend nicht stoppen können: Die Zahl der Menschen, die ihre Rechnung nicht mehr bezahlen können, steigt.

Mehr als jeder zehnte Erwachsene in Deutschland ist überschuldet. Damit könnten über 6,8 Millionen Menschen im Alter von über 18 Jahren ihre Rechnungen derzeit nicht mehr begleichen, berichtete die Wirtschaftsauskunftei Creditreform am Donnerstag in Düsseldorf. Die Zahl der Überschuldeten sei im Vergleich zum Vorjahr um 131.000 oder 1,9 Prozent weiter angestiegen.

Besonders deutlich habe dabei mit einem Plus um 5,6 Prozent die Zahl der harten Fälle mit hoher Überschuldung zugenommen. Weiter ansteigend sei auch die Altersüberschuldung. Derzeit seien in Deutschland 174.000 Menschen ab 70 Jahren davon betroffen – dies entspricht einer Zunahme von 25.000 Fällen oder 16 Prozent. Mit einer Überschuldungsquote von 1,34 Prozent liege diese Altersgruppe jedoch immer noch deutlich unter den Werten der jüngeren Altersjahrgänge.

Die Überschuldung von Verbrauchern in Deutschland nimmt trotz der guten Konjunktur seit Jahren zu. Im vergangenen Jahr bereits konnte fast jeder Zehnte seine Rechnungen nicht mehr bezahlen. Besonders schwerwiegend sind die Probleme im Ruhrgebiet. In vielen Städten steigt die Zahl der Überschuldungsfälle überdurchschnittlich schnell an.

Negativer Spitzenreiter im Vergleich der Bundesländer war im vergangenen Jahr Bremen mit einer Schuldnerquote von 14,08 Prozent. Am günstigsten war die Verschuldungslage in Bayern (7,12 Prozent) und Baden-Württemberg (8,09 Prozent). Nordrhein-Westfalen lag mit einer Quote von 11,52 Prozent im unteren Mittelfeld der Bundesländer.

mik/dpa-AFX
Quelle: SPIEGEL ONLINE - Wirtschaft 10.11.2016
http://www.spiegel.de/wirtschaft/soziales/experten-warnen-vor-zunehmender-privatverschuldung-a-1120598.html

Neue Statistik

Warum sich Menschen überschulden

Jobverlust, Krankheit oder einfach nur ungebremster Konsum? Das Statistische Bundesamt hat untersucht, warum sich Privatpersonen in Deutschland überschulden. Besonders häufig trifft es alleinlebende Männer.

Wenn sich die Rechnungen stapeln und kein Geld mehr da ist, um sie zu begleichen, wird es eng. Viele Menschen suchen dann eine der 1.400 Schuldnerberatungsstellen in Deutschland auf. Allein im vergangenen Jahr waren es 647.000.

Das Statistische Bundesamt hat nun – anhand von Daten aus 113.000 Fällen – ausgewertet, warum diese Menschen in die Schuldenfalle geraten sind.

Das Ergebnis zeigt: Arbeitslosigkeit ist der häufigste Auslöser für die Überschuldung von Privatpersonen in Deutschland. 19 Prozent der Hilfesuchenden bei den Schuldnerberatungsstellen gaben dies als Hauptgrund an. Gesundheitliche Probleme nannten 15 Prozent der Befragten als wichtigsten Grund. Die Folgen einer Trennung oder des Todes des Partners waren für 14 Prozent ausschlaggebend. Unangemessenes Konsumverhalten wurde in elf Prozent der Fälle als Hauptursache genannt. Bei sieben Prozent lag es an dem auf lange Sicht unzureichenden Einkommen.

»Es fällt auf, dass in der Regel unplanbare und gravierende Änderungen der Lebensumstände als Hauptauslöser genannt werden, die außerhalb der unmittelbaren Kontrolle der Überschuldeten liegen«, sagte der Präsident des Bundesamts, Dieter Sarreither, in Berlin. Die landläufig verbreitete Meinung: »Wer überschuldet ist, ist selbst schuld«, stimme demnach nicht.

Von allen Personen, die im vergangenen Jahr von einer Schuldnerstelle beraten wurden, stellten alleinlebende Männer mit einem Anteil von 30 Prozent die größte Gruppe. Dabei stellen sie nur 18 Prozent der Gesamtbevölkerung. Ebenfalls überproportional vertreten sind alleinerziehende Frauen: Sie machten 14 Prozent der beratenen Personen aus, bei einem Bevölkerungsanteil von sechs Prozent. Besonders häufig überschuldet sind 25- bis 44-jährige. Die jüngeren Schuldner drücken vor allem hohe Verbindlichkeiten bei Telekomanbietern.

Die Hilfesuchenden waren durchschnittlich in einer Höhe von 34.400 Euro verschuldet. Das entspricht etwa dem 33-Fachen ihres monatlichen Einkommens. Wichtigste Gläubiger sind Banken: 44 Prozent der Schulden stehen ihnen zu. Es folgen öffentliche Gläubiger, darunter Finanzämter. Danach kommen Inkassobüros. Nur zwölf Prozent haben einen einzigen Gläubiger, Mehrfachverschuldung ist demnach der Regelfall. »Über 40 Prozent der Schuldner waren bei zehn und mehr Gläubigern verschuldet«, sagte Sarreither.

stk/Reuters
Quelle: SPIEGEL ONLINE – Wirtschaft 01.07.2016
http://www.spiegel.de/suche/index.html?suchbegriff=Warum+sich+Menschen+%C3%BCberschulden&wo=archiv

Hauptauslöser für die Überschuldung in % für die Jahre 2013 bis 2020

Merkmal	2013	2014	2015	2016	2017	2018	2019	2020
Arbeitslosigkeit	23,6	19,1	20,0	21,1	20,6	20,0	19,9	19,7
Trennung, Scheidung, Tod des Partners/der Partnerin	13,6	12,4	12,5	13,0	13,3	13,1	12,5	14,2
Erkrankung, Sucht, Unfall	12,7	12,1	13,5	14,7	15,1	15,8	16,3	16,5
Unwirtschaftliche Haushaltsführung	11,2	11,2	9,4	10,9	12,3	12,9	14,3	14,5
Gescheiterte Selbstständigkeit	8,3	8,1	8,1	8,4	8,3	8,5	8,3	8,2
Zahlungsverpflichtung aus Bürgschaft, Übernahme oder Mithaftung	2,6	2,4	2,4	2,6	2,7	2,6	2,1	2,2
Gescheiterte Immobilienfinanzierung	3,3	2,4	2,8	2,8	2,4	2,0	1,6	1,6
Unzureichende Kredit- oder Bürgschaftsberatung	2,7	2,1	1,2	1,3	1,3	1,3	1,2	1,3
Längerfristiges Niedrigeinkommen[1)]	–	–	3,4	5,6	7,2	8,3	8,7	9,6
Sonstige	21,9	30,2	26,8	19,7	17,0	15,4	15,1	14,3

1) Aufgrund einer Erweiterung des Merkmalskatalogs erst ab 2015 ausweisbar.
- = Nichts vorhanden.
Quelle: destatis
https://www.destatis.de/DE/ZahlenFakten/GesellschaftStaat/EinkommenKonsumLebensbedingungen/VermoegenSchulden/Tabellen/Ueberschuldung.html

D2 Schaubilder/Grafiken zum Thema Überschuldung

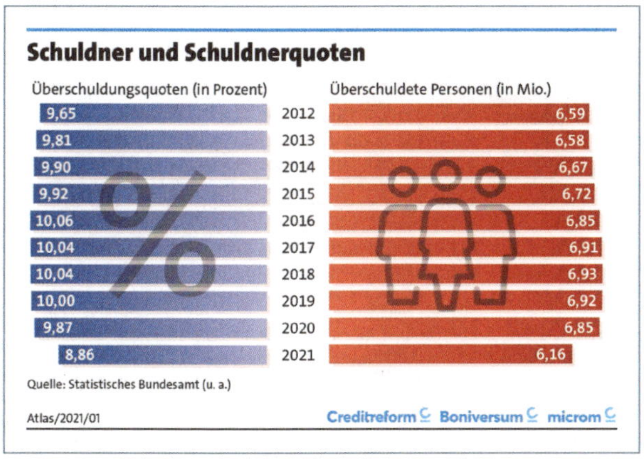

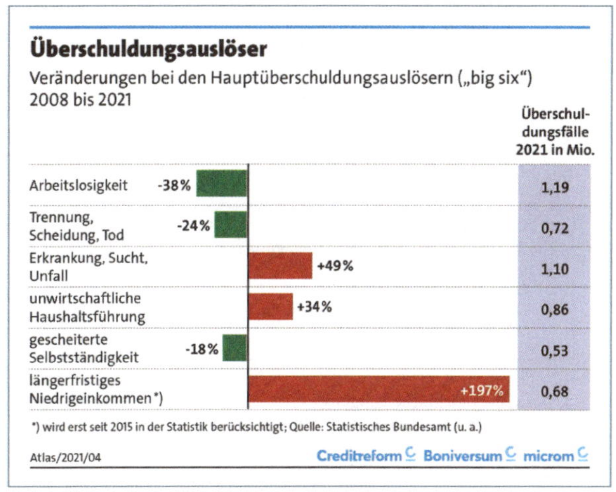

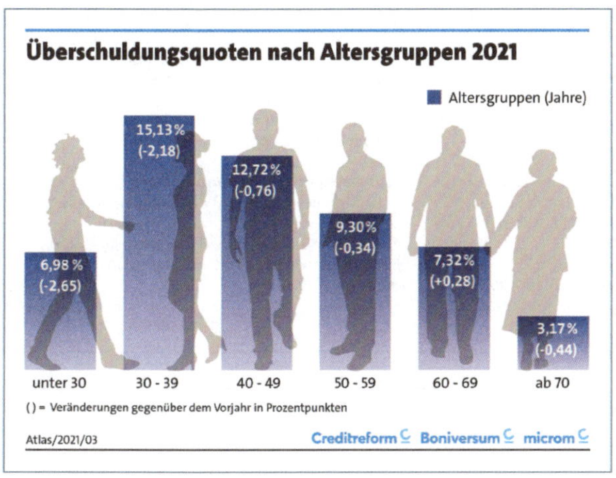

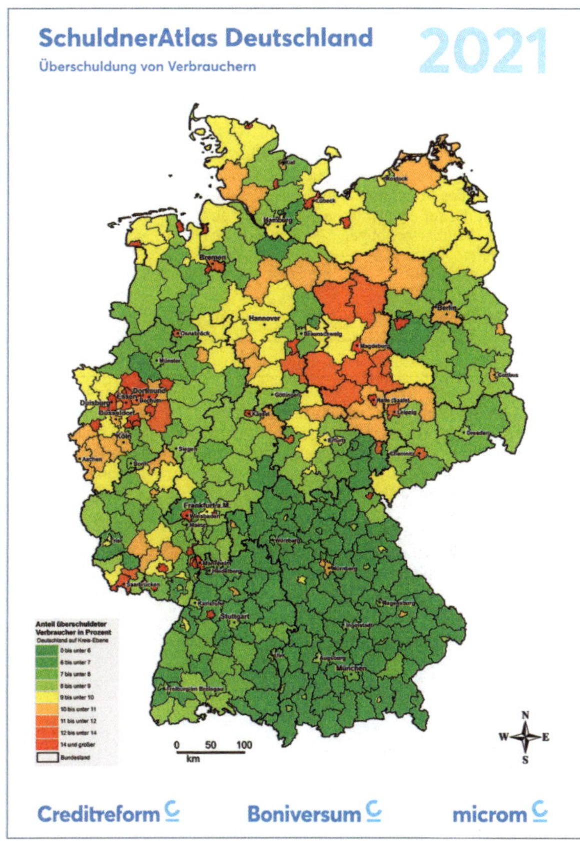

D3 Privatinsolvenz-Broschüre

Die Privatinsolvenz

Die Insolvenzordnung (InsO) wurde zum 01.07.2014 geändert und bietet Überschuldeten nach wie vor die Möglichkeit eines wirtschaftlichen Neuanfangs. Am Ende des Verfahrens besteht die Möglichkeit zur Restschuldbefreiung. Das Insolvenzverfahren sieht vier Schritte vor:

1. **Die außergerichtliche Einigung**
2. **Der gerichtliche Schuldenbereinigungsplan**
3. **Das Insolvenzverfahren**
4. **Die »Wohlverhaltensphase« mit Restschuldbefreiung**

1. Die außergerichtliche Einigung
Mit Hilfe einer Schuldnerberatungsstelle (kostenfrei, wenn als geeignete Stelle anerkannt) oder eines Rechtsanwalts wird ein außergerichtlicher Einigungsversuch mit all ihren Gläubigern versucht. Die Grundlage dazu ist ein Schuldentilgungsplan, in dem die pfändbaren Anteile ihres Einkommens angeboten werden. Wenn Sie nicht pfändbar sind, greift ein sog. »Null-Plan«.
Wenn alle Gläubiger dem Plan zustimmen (was sehr selten vorkommt), müssen SIe sich im vereinbarten Zeitraum an diese Vereinbarungen halten und sind danach von Ihren restlichen Schulden befreit.

Wird Ihr Vorschlag auch nur von **einem** Gläubiger abgelehnt, oder betreibt auch nur **ein** Gläubiger nach Erhalt des Vorschlags eine Zwangsvollstreckung, gilt die außergerichtliche Einigung als gescheitert. Hierüber benötigen Sie dann eine Bescheinigung.

2. Gerichtlicher Schuldenbereinigungsplan
Ist Ihr außergerichtlicher Einigungsversuch gescheitert, haben Sie die Möglichkeit, innerhalb von sechs Monaten bei Ihrem **Insolvenzgericht** einen **schriftlichen Antrag** zum Verbraucherinsolvenzverfahren zu stellen.
Der schriftliche Antrag wird normalerweise von der Schuldnerberatungsstelle erstellt, bei der Sie auch den außergerichtlichen Einigungsversuch durchgeführt haben.

Der Antrag muss u. a. enthalten:
- die Bescheinigung über das Scheitern der außergerichtlichen Einigung.
- Ihr Einkommens- und Vermögensverzeichnis, Verzeichnis Ihrer Gläubiger und deren Forderungen,
- den Schuldenbereinigungsplan,
- Ihren Auftrag auf Restschuldbefreiung, ggf. einen Antrag auf Stundung der Verfahrenskosten

Gelangt das Insolvenzgericht zu der Auffassung, dass der gerichtliche Schuldenbereinigungsplan voraussichtlich **nicht angenommen wird, entfällt dieses Verfahren** und es geht mit dem gerichtlichen Insolvenzverfahren (Stufe 3) weiter (dies betrifft die allermeisten Fälle).

Falls das Insolvenzgericht jedoch auf den gerichtlichen Schuldenbereinigungsplan besteht, unternimmt das Gericht einen zweiten Versuch und leitet Ihren Schuldenbereinigungsplan (ggf. mit Änderungen) allen Gläubigern zu. Ihr Vorteil ist, dass jetzt nicht mehr alle Gläubiger, sondern nur noch die Mehrheit (nach Anzahl und nach Schuldsummen) zusammen muss. Fehlende Zustimmungen kann das Gericht evtl. ersetzen.

Wird der gerichtliche Schuldenbereinigungsplan angenommen, endet das gerichtliche Verfahren. Sie müssen die Vereinbarungen einhalten. Danach sind Sie von Ihren restlichen Schulden befreit.

3. Das Insolvenzverfahren
Hier prüft das Gericht, ob die Voraussetzungen auf Eröffnung des Insolvenzverfahrens vorliegen, insbesondere die Deckung bzw. mögliche Stundung der Verfahrenskosten.

Ist das Verfahren eröffnet, wird Ihr pfändbares Sach- und Geldvermögen durch einen vom Gericht eingesetzten Insolvenzverwalter verwertet. Gleichzeitig macht das Insolvenzgericht die Durchführung des Verfahrens öffentlich bekannt (Bundesanzeiger). Damit besteht die Möglichkeit für Gläubiger, deren Forderungen vergessen wurden, jetzt noch dem Verfahren beizutreten.
Die Gläubiger können Gründe vorbringen, die eine Schuldenbefreiung verhindern, z. B. falsche Angaben des Schuldners, Urteil wegen Insolvenzbetruges, u. ä.

Das Insolvenzverfahren dauert sechs Jahre. Dies kann auf drei Jahre verkürzt werden, wenn in diesem Zeitraum mindestens 35 % der Schulden zzgl. den Verfahrenskosten gezahlt wurden. Da Letztere stark gestiegen sind, wird das dreijährige Verfahren nur selten erreicht werden (effektiv sind es ca. 70 % der Schuldsumme).
Wenn in fünf Jahren sämtliche Verfahrenskosten bezahlt sind, kann das Verfahren um das letzte Jahr verkürzt werden.

Dem eigentlichen Insolvenzverfahren (dauert ca. 6 - 12 Monate) folgt die **Wohlverhaltensphase**.

Werden keine Versagensgründe festgestellt, kündigt das Insolvenzgericht die **Restschuldbefreiung** an.

4. Wohlverhaltensphase mit Restschuldbefreiung
In dieser Phase müssen Sie sich gegenüber Ihren Gläubigern für die Dauer von **sechs Jahren** »wohlverhalten« und Mitwirkungspflichten erfüllen.
Zum Beispiel müssen Sie:
- eine angemessene Erwerbstätigkeit ausüben und jede zumutbare Arbeit annehmen,
- ererbtes Vermögen zur Hälfte herausgeben,
- jeden Wohnsitz- und Arbeitsplatzwechsel bekannt geben.

Während dieser Zeit werden die Pfändbaren Teile Ihres Einkommens an einen Treuhändler abgeführt.

Halten Sie diese Verpflichtungen ein, erteilt Ihnen das Insolvenzgericht nach sechs Jahren die Restschuldbefreiung. Sie sind dann schuldenfrei!

ACHTUNG: Sind gestundete Verfahrenskosten und Insolvenzverwaltervergütungen während der Wohlverhaltensphase noch nicht vom Schuldner erstattet worden, kann die Staatskasse diese nach der Restschuldbefreiung gegen Sie geltend machen. Diese Kosten können auch als Raten innerhalb von 4 Jahren zurückgezahlt werden.

Beachten Sie bitte folgende wichtige Regelungen:
Einige Forderungen sind von der Restschuldbefreiung grundsätzlich ausgenommen:
- Geldstrafen, Buß- u. Ordnungsgelder
- Forderungen aus vorsätzlich begangenen unerlaubten Handlungen
- Unterhaltsschulden, die vorsätzlich pflichtwidrig nicht bezahlt wurden
- Steuerschulden aus Steuerstraftaten

Die Restschuldbefreiung gilt nicht automatisch für Ehepartner, Mietverpflichtete und Bürgen.
Während des Insolvenzverfahrens müssen Sie auf die pfändbaren Beträge Ihres Einkommens verzichten.

Herausgeber: Stadt
Karlsruhe Sozialamt
Schuldnerberatungsstelle
Kaiserallee 4, 76133 Karlsruhe
Telefon: 0721 133 5010/ 5925/ 5965/ 5094

Stand: Mai 2020

Die Schuldnerberatung informiert

Die Privatinsolvenz

Wege zur Restschuldbefreiung

Stadt Karlsruhe

Methoden

▸ M1 Brainstorming – Kartenabfrage 120

▸ M2 E-Mail erstellen 121

▸ M3 Gruppen-/Teamarbeit 122

▸ M4 Diskutieren 123

▸ M5 Gruppenpuzzle/Partnerarbeit 124

▸ M6 Mindmapping 125

▸ M7 Placemat-Activity 126

▸ M8 Plakat gestalten 127

▸ M9 Präsentieren 128

▸ M10 Protokoll erstellen 129

▸ M11 Rollenspiel 130

▸ M12 Schaubild interpretieren 131

▸ M13 Strukturlegen 132

▸ M14 Einen Text erschließen 133

▸ M15 Veranschaulichen mit Strukturbildern 134

▸ M16 Galeriegang – jeder präsentiert 135

▸ M17 Stationenlernen 136

M1 Brainstorming – Kartenabfrage

Durch spontane Ideenäußerung ohne ablehnende Kritik wird mit dieser Methode eine große Anzahl an Ideen zu einer gegebenen Problemstellung gesammelt. Beim Brainstorming in der Gruppe können sich die Teilnehmer durch ihre Beiträge gegenseitig zu neuen Ideenkombinationen anregen, wodurch insgesamt mehr Ergebnisse produziert werden, als wenn jeder für sich alleine arbeitet.

Die klassischen Materialien der Kartenabfrage-Methode sind:

- Pinnwand (frei positionierbar)
- Packpapier, das auf die Pinnwand gesteckt wird und als Träger der Moderationskarten dient
- rechteckige, ovale und runde, verschiedenfarbige Moderationskarten für Beiträge
- über die gesamte Breite der Pinnwand reichende Streifen für die Überschriften
- Pinnnadeln zum Anstecken der Moderationskarten und -streifen auf die Pinnwand
- Filzstifte unterschiedlicher Breite und Farbe
- kleine, verschiedenfarbige Bewertungspunkte

Beschriftungsregeln für die Karten:

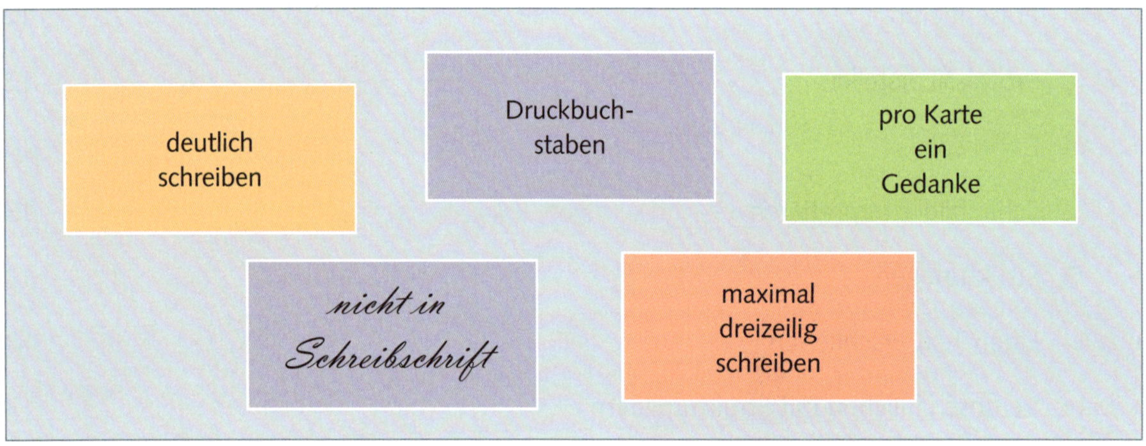

Vorgehensweise bei der Kartenabfrage

Phase 1: klare Benennung des Themas/Problems (Überschrift an Pinnwand)

Phase 2: Sammeln der Ideen

- Jeder schreibt mehrere Karten, die seine Ideen enthalten (wichtig: deutlich schreiben, in Druckbuchstaben, pro Karte maximal drei Zeilen und nur eine Idee).
- Die Kartenfarbe kann symbolisch verwendet werden (z. B.: rote Karten = »contra« und grüne Karten = »pro«).
- Die Karten werden an einer Pinnwand mit Nadeln befestigt.

Phase 3: Sortieren der Ideen

- Nun werden die Karten geclustert, d. h., Karten mit gleichen oder sehr ähnlichen Ideen werden zu »Inseln« zusammengehängt.

Phase 4: Bewerten

- Aus den Inhalten dieser Kartenlandschaft werden (z. B. in 2er-Teams) Überschriften/Unterthemen formuliert,
- jeweils auf Streifen/Karten geschrieben und ebenfalls an einer Pinnwand befestigt.
- Die Ideen werden von den Teilnehmern mit Klebepunkten bepunktet und so in eine Rangfolge gebracht.

M2 E-Mail erstellen

Der Aufbau von E-Mails:

An...	Adresse des Empfängers: Sie besteht aus der Empfängerbezeichnung, dem Klammeraffen »@« und dem Anbieter (Provider).
Cc...	Carbon Copy: Verteilerliste, die jeder Empfänger sieht.
Bcc...	Blind Carbon Copy: verdeckte Verteilerliste. Der Empfänger sieht die weiteren Empfänger nicht.
Betreff	Überschrift bzw. Inhalt der E-Mail
Angefügt	Anhang

Nach dem E-Mail-Kopf steht die **Anrede** und der **Text**. Hierbei gelten die gleichen Regeln wie bei einem Geschäftsbrief. Der **Abschluss (Signatur)** besteht aus dem Gruß, der Firma und den Kommunikationsangaben. Komfortable E-Mail-Programme verwenden eine Autosignatur, die automatisch am Ende alle erforderlichen Angaben einfügt.

Die folgenden Tipps sollen Ihnen helfen, einen erfolgreichen E-Mail-Kontakt zu führen:

1. **Schreiben Sie kurz.** Verzichten Sie auf sehr lange Ausführungen und verschachtelte Sätze.
2. **Drücken Sie sich klar aus.** Verzichten Sie auf übermäßig viele Fremdwörter, »denglische« Begriffe und »Fachchinesisch«.
3. **Formulieren Sie korrekt.** Vermeiden Sie auch in E-Mails Rechtschreib-, Punkt- und Kommafehler. Verwenden Sie notfalls das Rechtschreibprogramm.
4. **Bleiben Sie freundlich.** Schreiben Sie höflich in der Anrede, in der Grußformel und im Text.
5. **Schreiben Sie eine aussagekräftige Betreffzeile.** Ein kurzer Betreff macht dem Adressaten den Inhalt der E-Mail deutlich. Der Betreff erleichtert später die Suche nach einer E-Mail im Archiv.
6. **Verzichten Sie nicht auf die Anrede.** Der Name des Adressaten sollte richtig geschrieben sein. Auf eine allzu lockere Anrede sollte verzichtet werden (»Moin zusammen«).
7. **Verzichten Sie auf unnötige Informationen.** Schreiben Sie nur die für den Sachverhalt notwendigen Informationen.
8. **Verzichten Sie auf Abkürzungen und Emoticons.** Abkürzungen können verwirren. Emoticons können falsch verstanden werden.
9. **Strukturieren Sie Ihre E-Mails.** Vermeiden Sie lange Textblöcke. Verwenden Sie deshalb häufiger einen neuen Absatz oder gliedern Sie den Text mit Aufzählungen. Verwenden Sie Hervorhebungen durch Markieren, falls notwendig.
10. **Vergessen Sie nicht den Gruß am Ende der E-Mail.** Eine Grußformel ist schnell geschrieben und kann durch eine persönliche Note ergänzt werden (»Freundliche Grüße aus dem sonnigen Freiburg«).
11. **Gehen Sie mit Adressketten vorsichtig um.** Adressketten können aus Datenschutzgründen bedenklich sein.
12. **Überprüfen Sie Ihre Kontaktdaten.** Sowohl Ihre Daten als auch die des Adressaten sollten vor dem Versand geprüft werden, um keine Rückläufe zu erzeugen. Schlimmer kann es werden, wenn die E-Mail aus Versehen an den falschen Adressaten versandt wurde.
13. **Verwenden Sie den Arbeitsaccount nur für geschäftliche Zwecke.**

Quelle: Die Tipps zur E-Mail-Erstellung stellen eine Zusammenfassung der folgenden Quellen dar:
http://karrierebibel.de/e-mail-schreiben/;
http://arbeits-abc.de/e-mails-richtig-schreiben/#2

M3 Gruppen-/Teamarbeit

In jeder Berufsausbildung geht es auch um Teams, die miteinander arbeiten und Ergebnisse erzeugen sollen. Deshalb spielt die Gruppenarbeit eine wichtige Rolle. Damit sie gelingt und ergiebig ist, müssen Regeln für die Gruppenarbeit eingehalten werden.

Regeln für die Gruppenarbeit

Phase Vorbereitung:

Die Gruppe einigt sich auf verschiedene Rollen, die jedes Gruppenmitglied übernimmt.
Beispiele: Gesprächsleiter/-in, Zeitwächter/-in, Schreiber/-in, Themenwächter/-in, Redezeitbeobachter/-in, Lautstärkeregler/-in.

Den Arbeitsplatz für die Gruppenarbeit schnell und leise herrichten (vorhandene Tische und Stühle umstellen, Arbeitsmaterial bereitlegen). Alle Teammitglieder verstehen die Aufgabenstellung. Unklarheiten klärt das Team zu Beginn mit dem Lehrer/der Lehrerin.
Der Plan für die Aufgabenschritte und die Zeitabschnitte gibt Antwort auf die Fragen:

- Was sollen/wollen wir erreichen?
- Was ist zu tun?
- Von wem ist was zu tun?
- Bis wann ist was zu tun?
- Was benötigen wir zur Erledigung der Gruppenarbeit?

Phase Durchführung:

Jedes Gruppenmitglied arbeitet gleichberechtigt an der Arbeit mit und ist für die übernommene Aufgabe und das Gruppenergebnis verantwortlich.
Längerfristige Aufgaben werden so eingeteilt, dass die Gruppe zu jeder Zeit arbeitsfähig ist, auch wenn einzelne Gruppenmitglieder fehlen.
Beispiel: Materialien, Ergebnisse, Unterlagen entweder zentral lagern, sodass jedes Gruppenmitglied Zugriff hat, oder alle Gruppenmitglieder haben in jeder Phase alles bei sich.

Regeln für die Gespräche und für den Umgang miteinander während der Gruppenarbeit:

- Jede Meinung kann frei geäußert werden.
- Jeder hört dem anderen zu.
- Jeder lässt den anderen ausreden.
- Jeder, der spricht, hält Blickkontakt.
- Alle Gruppenmitglieder haben einen respektvollen Umgang miteinander.
- Keiner beansprucht Redeanteile, die überdurchschnittlich lange sind.
- Es werden keine Nebengespräche geführt.
- Auftretende Probleme werden offen angesprochen.
- Es wird sachlich argumentiert und keiner wird benachteiligt.
- Jeder arbeitet ständig mit und gibt sein Bestes.

M4 Diskutieren

Während der Gruppenarbeitsphase kommt es regelmäßig zu Diskussionen. Auch dabei müssen Regeln eingehalten werden, damit der Diskussionsverlauf nicht gestört wird und das Diskussionsergebnis sinnvoll ist.

Regeln/Hinweise für die Diskussion

Für die Diskussionsteilnehmer:

- laut und deutlich sprechen
- beim Reden die Diskussionsteilnehmer anschauen
- kurz und präzise argumentieren
- Meinungen/Behauptungen begründen
- beim Thema bleiben/Fragen beachten
- auf die/den Vorredner Bezug nehmen
- gut zuhören, wenn andere reden
- niemanden auslachen oder herabsetzen
- Nebengespräche und sonstige Störungen vermeiden
- nicht zwischendurch mit dem/den Nachbarn reden

Für die Diskussionsleitung:

- Sie eröffnet die Diskussion.
- Sie stellt das Thema vor.
- Sie nennt Dauer und Ziel der Diskussion.
- Sie lenkt den Verlauf der Diskussion.
- Sie achtet auf die Einhaltung der Diskussionsregeln und der Redezeit.
- Sie fasst Teilergebnisse zusammen.

Formulierungen

zum Zustimmen/Ergänzen:
- Ich bin Deiner Meinung, weil ich aus eigener Erfahrung sagen kann, dass …
- Ich stimme Dir zu, denn …
- Das, was … vorhin gesagt hat, finde ich gut/wichtig/entscheidend, denn …

zum Widersprechen:
- Du hast recht, wenn Du sagst, dass …, aber auf der anderen Seite …
- Ich bin Deiner Meinung über das, was Du vorhin gesagt hast, aber …
- Ich verstehe Dein Argument, trotzdem finde ich …
- Ja, schon, aber meiner Meinung nach ist …

Nach Gründen fragen:
- Was macht Dich so sicher, dass … ?
- Warum denkst Du, dass … ?
- Warum bist Du der Meinung, dass … ?

Zweifel ausdrücken:
- Bei diesem Punkt habe ich Zweifel, weil …
- Das erscheint mir unwahrscheinlich, weil …
- Ich bin mir nicht sicher, dass …

M5 Gruppenpuzzle/Partnerpuzzle

Texte, Aufgabenblätter oder andere Materialien werden von dem Lehrer/der Lehrerin zur Verfügung gestellt.

Phasen des Gruppenpuzzles/Partnerpuzzles

1. Stammgruppe bilden/Themenauswahl/Lektürearbeit:

Schülergruppen (Anzahl der Gruppenmitglieder entsprechend der Anzahl der verschiedenen Texte bzw. Teilaufgaben) setzen sich zusammen. Sie bilden eine Stammgruppe. Jedes Mitglied wählt ein Thema aus. Die Schüler lesen den Text bzw. das bereitgestellte Material in Stillarbeit aufmerksam durch und bearbeiten die Aufgaben.

- Einzelarbeit

2. Arbeit in den Expertengruppen:

Die Stammgruppe löst sich vorübergehend auf und die zukünftigen Experten zu den verschiedenen Themen treffen sich in der Expertengruppe (Expertengruppen bestehen aus den Schülern mit den gleichen Texten bzw. Teilaufgaben.). In der Expertengruppe werden offene Frage geklärt, Unklares diskutiert, Ergebnisse verglichen und Wissen ergänzt. Für die spätere Vermittlung des Lernstoffes an die anderen Mitglieder der Stammgruppe erstellen die Experten ein Handout oder Ähnliches.

- Gruppen- oder Partnerarbeit

3. Rückkehr in die Stammgruppe:

Die Schüler treffen sich wieder in den Stammgruppen. Die einzelnen Gruppenmitglieder geben ihr Expertenwissen an ihre Stammgruppenmitglieder weiter. Das Gruppenpuzzle ist fertig, wenn »alle alles« wissen. Alle Schüler sollten anschließend fähig sein, anspruchsvolle Aufgaben zum Thema zu lösen. (Die Info-Blätter der Experten müssen von den Gruppenmitgliedern abgeschrieben werden oder werden vom Lehrer für die Stammgruppe kopiert und in der nächsten Stunde ausgegeben.)

- Gruppen- oder Partnerarbeit

4. Plenum

Falls notwendig, werden zum Schluss mit der ganzen Klasse und dem Lehrer/der Lehrerin noch offene Fragen und Probleme geklärt.

Quelle der Bilder: http://www.mhaensel.de/unterrichtsmethoden/gruppenpuzzle.html

M6 Mindmapping

Die Mindmap®-Methode hilft, Informationen schnell aufzuzeichnen und zu strukturieren. Sie hilft, alle wichtigen Punkte auf einen Blick zu erfassen. Man kann seine Gedanken damit einfach zu Papier bringen, sowie diese einem in den Sinn kommen. Man kann zwischen seinen Ideen hin- und herspringen, gerade so, wie sie einem einfallen.

Aufbau:
Bei der Erarbeitung einer Mindmap wächst eine Art Baum, der alle Gedanken wiedergibt und die Verbindungen untereinander zeigt.

Grundstruktur:
Stamm: Das Hauptthema des Problems oder Projektes.
Haupttäste: Die Hauptäste, die direkt mit dem zentralen Thema verbunden sind.
Zweige: Zweige sind mit den Hauptästen verbunden.

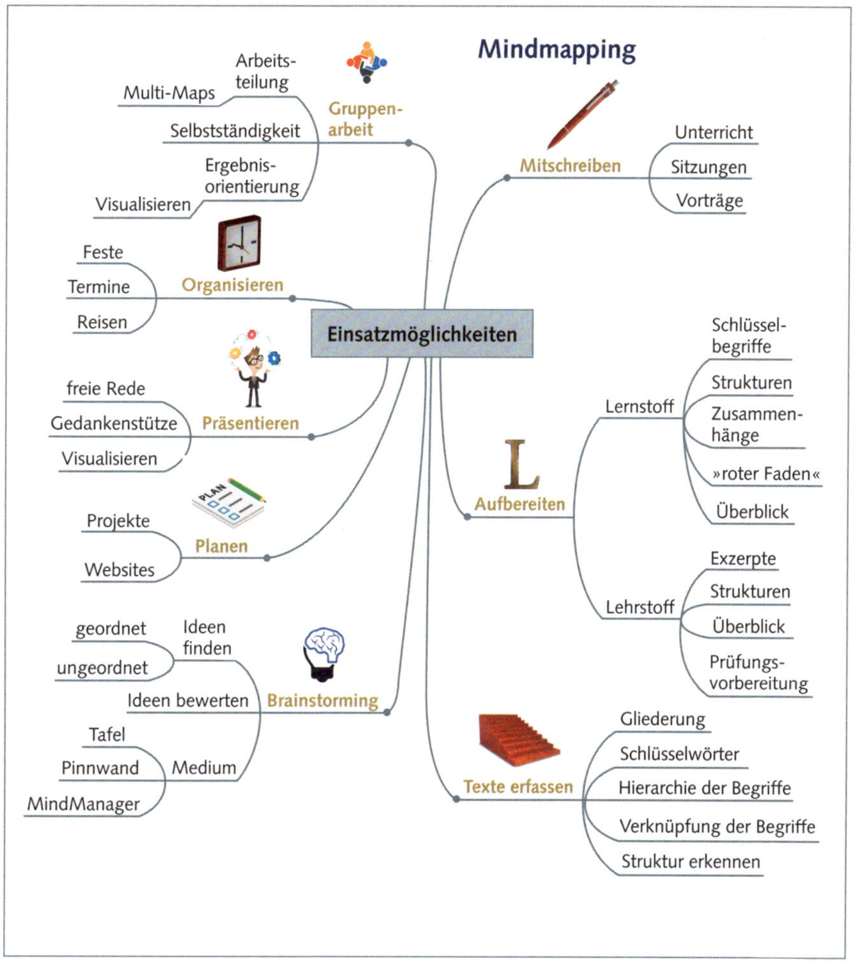

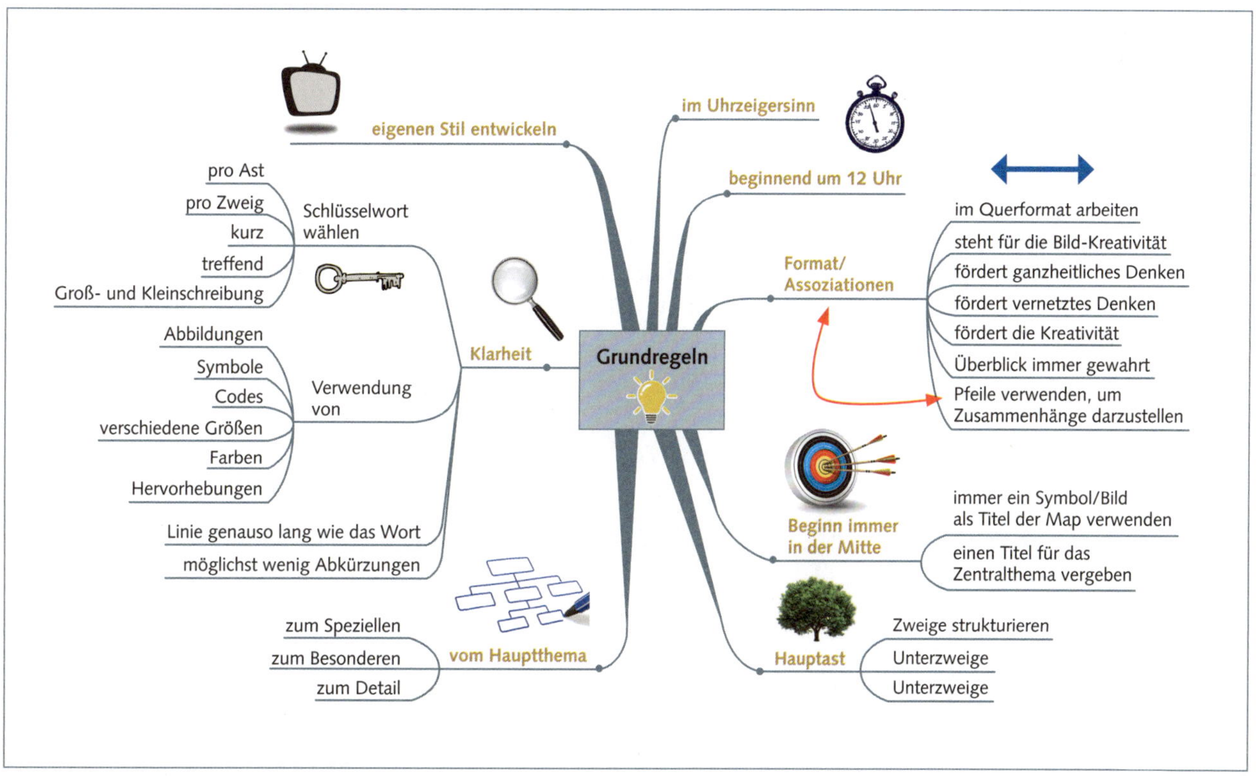

M7 Placemat-Activity (Platzdeckchen-/Tischset-Methode)

Die Lernenden setzen sich in Vierergruppen zusammen. Jede Gruppe erhält einen großen Bogen aus Papier und teilt den Bogen so auf, dass jeder Lernende dann ein eigenes Feld vor sich hat und in der Mitte ein Feld für die Gruppenergebnisse frei bleibt. (Sollte eine Gruppe nur aus drei Schüler/innen bestehen, enthält der Papierbogen nur drei Individualfelder.)

Modell für die Gestaltung des Papierbogens:

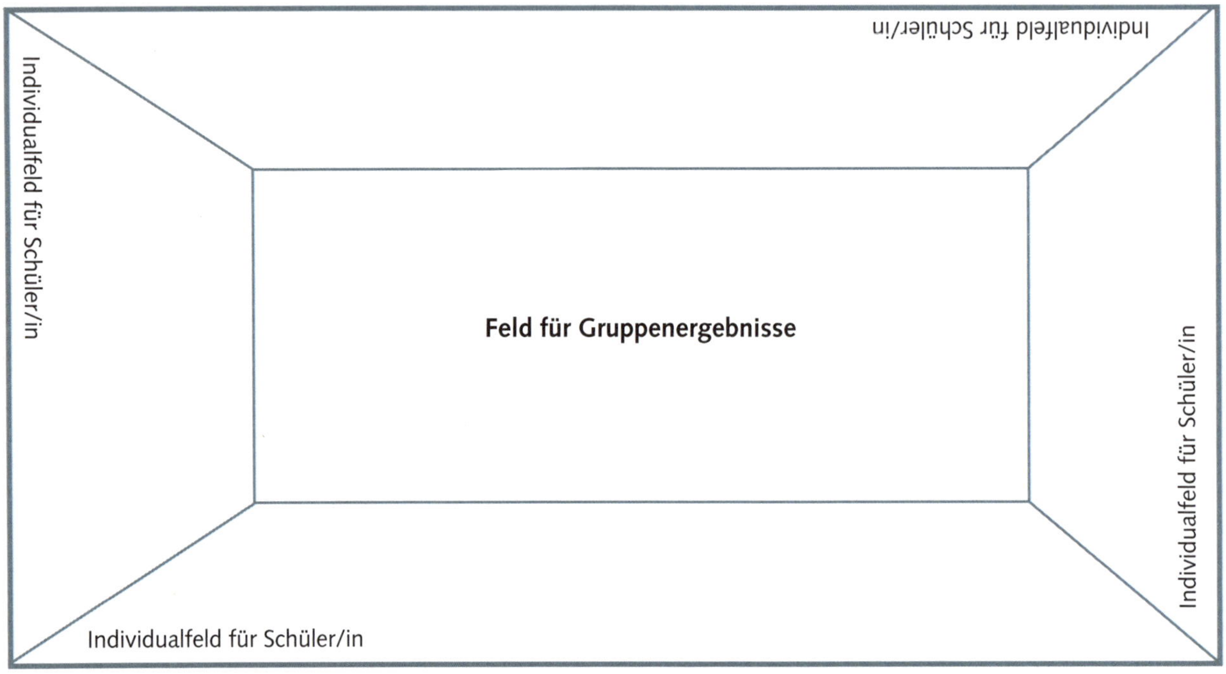

Vorgehensweise:

3. **Think (Nachdenken und Schreiben):** Jede(r) notiert in seinem Segment eigene Gedanken zu der Hauptfrage (Dauer: etwa fünf Minuten).

4. **Pair (Stummes Vergleichen):** Jede(r) liest die Notizen der anderen und stellt nur Rückfragen bei Verständnisproblemen oder Leseschwierigkeiten (Dauer: etwa fünf Minuten). Dazu kann der Papierbogen im Uhrzeigersinn weitergedreht werden, sodass jeder die Gedanken der anderen einmal zum Lesen vor sich hat.

5. **Share (Teilen und Konsens finden):** Die Gruppe diskutiert und entscheidet gemeinsam, welche der genannten Gedanken in die Mitte des Blattes geschrieben werden. Hilfreich ist eine Begrenzung, z. B. »Einigt euch auf fünf Hauptpunkte.« Diese Hauptpunkte können dann auch noch nach Wichtigkeit markiert werden. (Dauer: etwa zehn Minuten).

M8 Plakat gestalten

Grundregeln

- Jedes Plakat hat eine Überschrift!
- Das Plakat soll für andere gut lesbar sein und das Wichtigste in Kürze enthalten.
- Also: Unbedingt in Druckschrift und groß genug schreiben! (Kann man es aus 5 Metern Entfernung lesen?), und
- nicht zu viel Text! Verwenden Sie keine ganzen Sätze, sondern lieber Stichworte.
- Schreiben Sie nicht einfach Text ab, sondern versuchen Sie, in Ihren Worten zu formulieren.
- Sie können auch Symbole zeichnen, z. B. einen Blitz für ein Problem, ein Ausrufezeichen für einen Tipp, ein Fragezeichen für offene Fragen, Pfeile, Linien usw.

Welche Überlegungen sollten vor dem Gestalten gemacht werden?

- Wohin sollen die Stichworte, wohin die Symbole? Gibt es verschiedene Themen, die Sie darstellen wollen? Überlegen Sie, bevor Sie anfangen, was auf dem Plakat an welche Stelle kommen soll.
- Schreiben Sie das Thema Ihrer Arbeitsgruppe auf! (Kann das auch die Plakatüberschrift sein? Oder besser die Überschrift »plakativer« formulieren?)
- Worum ging es inhaltlich genau? (1–3 Aussagen)
- Was ist das Wichtigste, das andere zu diesem Thema erfahren sollten?
- Wählen Sie anschauliche Beispiele zur Erklärung (muss nicht auf das Plakat; es reicht, wenn Sie es präsentieren können).
- Name und Kontaktangaben der Autoren nicht vergessen
- Informationsfluss klar darstellen; z. B. nach den folgenden Beispielen:

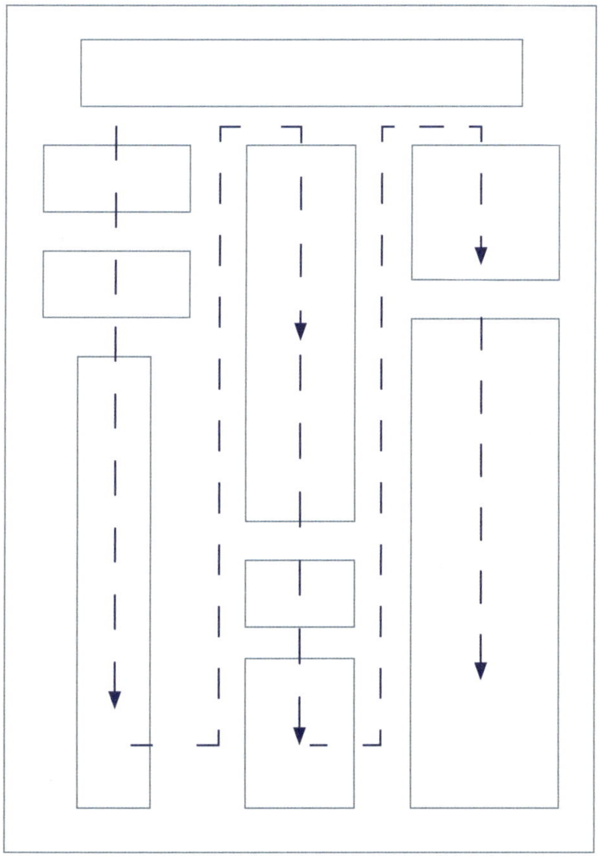

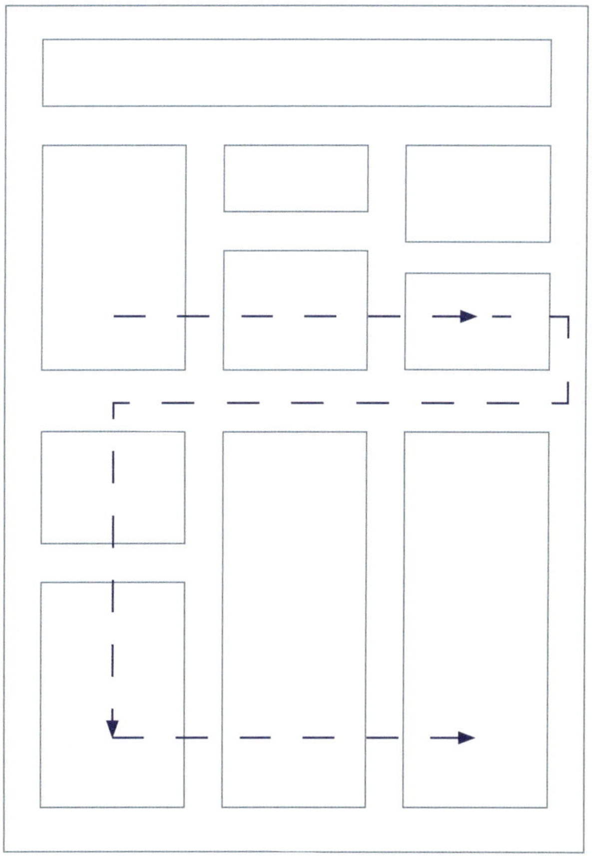

M9 Präsentieren

In einer **Präsentation** stellen Sie Ihre Ergebnisse dar. Entscheidend dabei ist, wem Sie diese Ergebnisse präsentieren. Sie müssen Ihre **Zielgruppe** erreichen und möglichst genau ansprechen. Da macht es einen Unterschied, ob Sie vor der Klasse, vor Kollegen oder Vorgesetzten präsentieren.

Daher sollten folgende Überlegungen in die Vorbereitung ihrer Präsentation einfließen:

1. Schritt: **Ziele definieren**
Was bezwecken Sie mit Ihrer Präsentation? Was sollen Ihre Zuhörer am Ende verstehen, erinnern oder gar tun?

2. Schritt: **Den Ausstieg gestalten**
Die Beschäftigung mit dem Ausstieg zwingt Sie dazu, die gesamte Präsentation auf das Ziel auszurichten.

3. Schritt: **Den Einstieg gestalten**
Sie müssen die Aufmerksamkeit und das Interesse der Zuhörer mit einem sinnvollen »Ohröffner« gewinnen.

4. Schritt: **Den Hauptteil gestalten**
Einstieg – Hauptteil – Ausstieg – ergeben eine Einheit, sodass die Präsentation »rund« wird. Am besten gehen Sie nach der Kärtchenmethode vor: Jedes wichtige Stichwort zum Thema auf ein Kärtchen schreiben und dann sinnvoll anordnen.

5. Schritt: **Das Ganze »würzen«**
Bilder, Beispiele, Witze, Anekdoten, (rhetorische) Fragen beleben Ihren Vortrag.

6. Schritt: **Visuelle Hilfsmittel gestalten**
Klären Sie, welche Medien (Overhead, Tafel, Beamer, Kamera etc.) zur Verfügung stehen und welche geeignet sind bzw. mit welchen Sie auch gut umgehen können.

7. Schritt: **»Spickzettel« anfertigen**
Erstellen Sie sich kleine Moderationskärtchen mit Stichworten und »Regieanweisungen«.

8. Schritt: **Üben, üben, üben ...**

Eine erfolgreiche Präsentation ergibt sich aus dem Zusammenspiel folgender Faktoren:

Inhaltlicher Aufbau	**Sprechtechnik**
▪ Die Gliederung ist klar erkennbar und zielgerichtet (Einleitung – Hauptteil – Schluss). ▪ Die Wortwahl ist treffend. ▪ Der Ausdruck ist klar und verständlich. ▪ Die Beispiele sind anschaulich.	▪ Die Sprache ist deutlich und variiert in Lautstärke und Klangfarbe. ▪ Das Sprechtempo ist nicht stockend oder zu schnell. ▪ Pausen sind sinnvoll eingesetzt.
Körpersprache	**Visualisierung**
▪ Der Blickkontakt zum Publikum ist hergestellt. ▪ Gestik und Mimik unterstreichen die Aussagen. ▪ Die Körperhaltung wirkt sicher und strahlt Ruhe aus.	▪ Veranschaulichung ▪ Grafiken ▪ Struktur ▪ Layoutgestaltung ▪ Lesbarkeit

M10 Protokoll erstellen

Eine **ordentliche Dokumentation** ist die Voraussetzung jeder Teamarbeit/Projektarbeit. Wenn nichts eindeutig festgehalten und verbindlich aufgezeichnet wird, kann sich die Arbeit im Team nicht entwickeln, man tritt ständig auf der Stelle.

Das Protokoll ist eine Möglichkeit der Dokumentation, das durch verschiedene Merkmale gekennzeichnet ist.

Inhalt	sprachliche Gestaltung	Arten von Protokollen	Regeln für das Protokollieren
▪ Anlass ▪ Ort, Datum, Uhrzeit ▪ Leiter/in ▪ Protokollant/in ▪ Teilnehmer/innen ▪ Tagesordnungspunkte ▪ Redebeiträge ▪ Anträge, Abstimmungsergebnisse, Termine	▪ knappe Darstellung ▪ in der Regel Gegenwartsform ▪ wörtliche Rede steht in Anführungszeichen ▪ keine Überleitungen zum nächsten Protokollpunkt ▪ keine Wertungen durch den/die Protokollanten/Protokollantin	▪ Verlaufsprotokoll (Gesprächsverlauf, Meinungsbild) ▪ Ergebnisprotokoll (Vereinbarungen, Abstimmungen, Entscheidungen) ▪ Gedächtnisprotokoll (spätere Aufzeichnung) ▪ andere Protokolle (Versuchsprotokoll, Unfallprotokoll, Vernehmungsprotokoll)	▪ Ausreichendes Papier und geeignetes Schreibzeug besorgen. ▪ Einen geeigneten Sitzplatz auswählen. ▪ Sich über die Art des Protokolls vergewissern. ▪ Sich um die Anwesenheitsliste kümmern. ▪ Wesentliche Inhalte der Sitzung erfassen. ▪ Abstimmungsergebnisse eindeutig festhalten. ▪ Als Protokollführer Zurückhaltung in der Diskussion zeigen. ▪ Das Protokoll als Protokollant/Protokollantin unterschreiben.

Beispiel für ein Sitzungsprotokoll

Sitzungsprotokoll der **Projektgruppe »Der gesunde und aktive Mitarbeiter«**

Besprechungsprotokoll 5 — Seite 1 von 3

Besprechungsort:	Kleiner Konferenzraum	Protokoll durch:	Herr Künast
Besprechungsdatum:	29.05.20..	Verteiler:	Teammitglieder
Beginn:	14:15 Uhr		
Ende:	17:00 Uhr		

Tagesordnung:

1. Arbeitsunfähigkeitsprofil für Betriebe, Referent Herr W. Meier, AOK Freiburg
2. Arbeitsmedizinische Basisuntersuchung der Beschäftigten
3. …
4. …
5. Verschiedenes

anwesend: Frau Werthmann, Frau Solltau, Herr Disch-Wendler, Frau Dr. Kern, Herr Künast

entschuldigt: Herr Dr. Schwab

TOP	Kennzeichen	Text der Ergebnisse	erledigt durch/bis
1	E	Häufigkeit und Verteilung gemeldeter Krankheitsfälle im Betrieb, ihre Dauer und die dazugehörige Krankendiagnose werden unter Beachtung des Datenschutzes ausgewertet. Informationsquelle zur Versachlichung der betrieblichen Krankenstandsdiskussion. • Arbeitsunfähigkeitsprofil ist kostenlos. • sinnvoll weitere Datenerhebung (Erkenntnisse, Betriebsmediziner, Mitarbeiterbefragungen oder Ergebnisse der Gefährdungsbeurteilungen) • Anzustreben ist die Entwicklung eines kontinuierlichen Berichtswesens.	
2		....	

A = Auftrag, B = Beschluss, E = Empfehlung, F = Feststellung, T = Termin

M11 Rollenspiel

Motivationsphase (Vorbereitung)

- Konfrontation mit dem Problem: Alle Schüler lesen die einführenden Informationen (Aufgabenstellung, Informationskarte).
- Die Gruppen erhalten die Informationen über die jeweiligen Rollen.
- Die Rollenkarten werden vorgelesen.
- Die Rollen werden verteilt.
- Die Gruppe sammelt gemeinsam die Fragen, Inhalte, Argumente für die Rolleninhaber. (Eventuell hilft hier ein Brainstorming, vgl. ▸M1, Seite 120.)
- Mimik, Gestik usw. werden besprochen und festgelegt.
- Der Szenenaufbau (z. B. Sitzordnung) wird geplant.

Aktionsphase (Durchführung)

- Die Spieler nehmen ihre szenischen Plätze ein und spielen das Rollenspiel.
- Die anderen Schüler sind die Beobachter und machen sich mittels eines Beobachtungsbogens Notizen. (Manchmal kann die Aufteilung in verschiedene Beobachtungsfelder hilfreich sein.)

Reflexionsphase (Ergebnissicherung und Verallgemeinerung)

- Zunächst erhalten die Spieler/innen die Gelegenheit, sich über die Aufführung, ihre Rolle und ihre Empfindungen zu äußern.
- Die Beobachter äußern sich zum Spielverlauf, zu ihren Beobachtungen.
- Diskussion in der Klasse über die beobachteten Argumente der Rollenspieler.
- Durch die Spielleitung werden die Ergebnisse der Diskussion zusammengefasst.
- Eventuell werden allgemeine Ergebnisse zusammengefasst und festgehalten.
- Das Rollenspiel kann mit neuer Rollenbesetzung wiederholt werden.

M12 Schaubild interpretieren

Ein Schaubild (auch Diagramm genannt) liefert Informationen, indem es Zahlen und Werte verbildlicht. Anders als bei einem Text gibt es keine einheitliche Leserichtung. Hier ist eine mögliche Gliederung dargestellt, der man sowohl beim Lesen als auch beim Darstellen des Inhalts folgen kann.

Thema
- Was ist das Thema des Schaubildes?
- Welche Unterthemen sind erkennbar?

Formale Orientierung
- Welche Diagrammform wurde gewählt? (Balken, Säulen, Linien, Torten, Kreise)
- Über welche Zeit/welche Region gibt das Schaubild Auskunft?
- Welche Zahlenwerte wurden gewählt: absolute, relative, Indexwerte?
- Aus welcher Quelle stammen die Daten? Wann ist sie erschienen?

Beschreibung
- Was ist zu sehen? Welche Informationen werden gegeben?
- Was sind die wichtigsten Aussagen?
- Lassen sich zeitliche Entwicklungen (Zunahme, Abnahme, Stagnation) und Regelhaftigkeiten ablesen?

Erklärung
- Wie sind die dargestellten Sachverhalte zu erklären?
- Sind bedeutsame Details, kausale und funktionale Zusammenhänge erkennbar?
- Welche möglichen Ursachen und Folgen lassen sich aus den beschriebenen Aspekten ableiten?
- Welche zusätzlichen Informationen sind zur Erklärung heranzuziehen?

Wertung
- Welche Schlussfolgerungen ergeben sich, z. B. im Zusammenhang mit anderen Informationen und anderem Wissen?
- Reicht die Aussagegenauigkeit aus?
- Werden Sachverhalte verzerrt oder verfälscht?
- Ist die Diagrammform eine geeignete?

Mögliche Inhalte eines Schaubildes:

Titel/Überschrift des Schaubildes

Untertitel/Teilüberschrift: Gibt Auskunft, was untersucht wurde.

Untertitel/Teilüberschrift: Gibt Auskunft, was untersucht wurde.

Diagrammtyp: Ringdiagramm

Herausgeber/Verlag: „Globus" als Verlag hat das Schaubild mit der Nummer „12265" veröffentlicht.

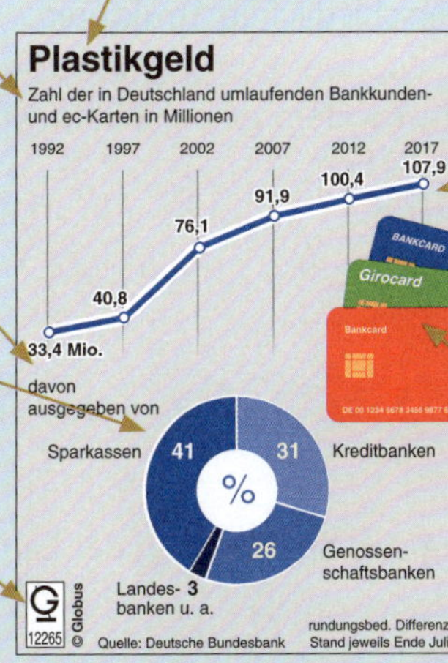

Maßeinheit/Bezugsgröße: Hier ist es die Stückzahl der Bankkundenkarten.

Diagrammtyp: Liniendiagramm

Bild/er: Soll Aufmerksamkeit erzeugen und Interesse für das Schaubild wecken

Quelle für Zahlen/Daten: Die Deutsche Bundesbank liefert die Zahlen für das Schaubild.

Bezugszeitraum/-räume: Die Zahlen des Ringdiagramms beziehen sich auf Ende Juli 2017. Die Zahlen des Liniendiagramms auf Ende Juli des jeweiligen Jahres in Deutschland.

Maßeinheit/Bezugsgröße: Hier ist es der prozentuale Anteil der Ausgabeunternehmen von Plastikgeld. Maßeinheiten können aber auch Stück, Kilogramm, Euro, Kilometer, Quadratkilometer, … sein.

M13 Strukturlegen

Anwendungsmöglichkeiten:
- Einstieg in ein Thema: Es verdeutlicht die Zusammenhänge der Lehrinhalte.
- Lernzielkontrolle: nach einer Unterrichtssequenz zur Stoffsicherung, Wiederholung, Strukturierung.

Material:
Die zentralen Begriffe des besprochenen Themas werden als Begriffskärtchen auf einem DIN A4-Blatt an die Schüler ausgegeben und von diesen anschließend ausgeschnitten, damit die Kärtchen flexibel legbar sind.

Verlauf:
- Die Begriffskärtchen sollen nach inhaltlichen Kriterien in eine Struktur gelegt werden.
- Die fertige Struktur wird aufgeklebt (optimales Mittel, um später das Thema wieder ins Gedächtnis zu rufen).
- Gelegte Strukturen werden verglichen.

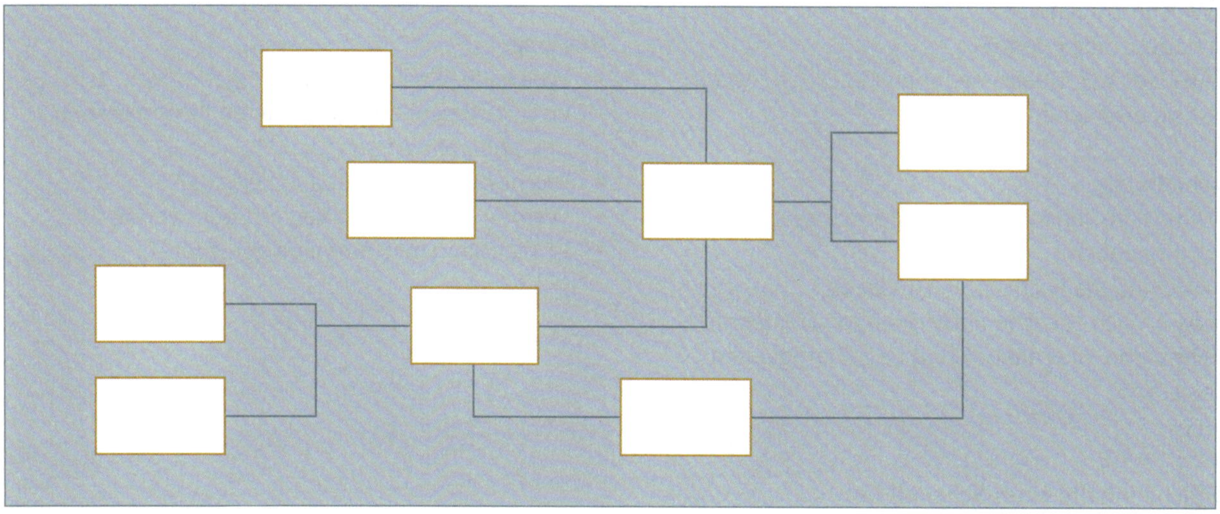

Hinweis:
- Die Struktur gibt wieder, wie die Teilnehmer das Thema in ihrer persönlichen Denkstruktur verankert und mit anderen Themen verbunden haben.
- Die Lehrperson erhält Einblick in die unterschiedlichen Strukturen.
- Die gelegten Strukturen werden verglichen.
- Die Struktur ist ein individuelles Ergebnis, bei dem es nur selten wirklich falsche Zuordnungen gibt. Diese werden von der Lehrperson dann angesprochen.

Sozialformen:
- Einzelarbeit
- Gruppenarbeit
- Plenum

Ziele:
- Unterstützung der individuellen Ordnung und Speicherung der Lerninhalte

M14 Einen Text erschließen

- Überfliegen Sie den Text zunächst, um einen Überblick darüber zu gewinnen, in welchem Zusammenhang die Informationen zu sehen sind.
- Formulieren Sie Fragen zu dem Text (Wer? Wann? Wo? Wie? Was? Warum?).
- Lesen Sie danach den Text unter Zuhilfenahme der Fragen allein durch.
- Notieren Sie sich die Begriffe, die Ihnen nicht klar sind.
- Markieren Sie wichtige Passagen, Kerngedanken, Inhalte, die im Zusammenhang stehen.
- Schreiben Sie neben den Text die Ihrer Meinung nach wichtigen Ereignisse/Inhaltspunkte.
- Notieren Sie diese möglichst neben die Zeile des Textes, in der sie zuerst vorkommen.
- Tauschen Sie sich nun mit Ihrem Partner aus:
  - Versuchen Sie zunächst gemeinsam die ungeklärten Begriffe zu klären. (Sollten Sie nicht alle klären können, hilft Ihnen Ihr/e Lehrer/Lehrerin.)
  - Vergleichen Sie die wichtigen Ereignisse/Inhaltspunkte, die am Rand stehen, ob Sie beide die gleichen haben. Vervollständigen Sie unter Umständen.
- Erklären Sie sich gegenseitig den im Text geschilderten Sachverhalt im Zusammenhang.

Hinweise und Bewertungszeichen am Rand eines Textes

Ausrufezeichen (!)	besonders wichtig
Fragezeichen (?)	unklar
Pfeil (►)	Konsequenz/Folge/nächster Schritt
Doppelpfeil (◄—►)	Gegensatz/Widerspruch
Pfeil nach oben (↑)/Pfeil nach unten (↓)	Erklärung/Erläuterung
Geschweifte Klammer (}) / Summenzeichen (∑)	Zusammenfassung/Fazit
Blitz (ϟ)	Ausdruck meiner Meinung/Emotion
Haken (✓)	einverstanden/richtig/logisch

M15 Veranschaulichen mit Strukturbildern

Ziel bei dieser Methode ist, Informationen, Aussagen, Arbeitsergebnisse oder den Inhalt eines Textes in eine übersichtliche Form zu bringen. Dabei werden textliche, grafische, bildhafte oder symbolische Elemente verwendet. Diese werden mit Linien, Pfeilen, Formen oder sonstigen grafischen Elementen miteinander verbunden.

So können Zusammenhänge deutlich gemacht werden, weil sie schnell erfasst werden können. Eine Grafik kann vor allem folgende Zusammenhänge veranschaulichen:

- Gruppierungen, Zusammenfassung aufgrund von Ähnlichkeiten (▸Verbindungen, Kreise)
- Gegensätze, Widersprüche deutlich machen (▸Blitz, gegenläufige Pfeile)
- Offene Fragen zeigen (▸Fragezeichen)
- Über-, Unter- und Nebenordnung (▸Hierarchien) zeigen (▸Pfeile)
- Teil-Ganzes-Relationen aufzeigen (▸Kreise oder Flächen, die sich überschneiden)
- Zeitliche Abfolgen verdeutlichen (▸Zeitstrahl)
- Ursache-Wirkungs-Zusammenhänge erklären (▸Pfeile, Doppelpfeile)
- Mengenmäßige (quantitative) Verteilungen darstellen (▸Elemente unterschiedlicher Größe)

Vorgehensweise:

1. Schritt: Festlegen des Themas
2. Schritt: Sammeln der einzelnen Aspekte des Themas
3. Schritt: Ordnen der Aspekte
   - Welche Begriffe gehören zusammen?
   - Gibt es Ursache-Wirkungs-Zusammenhänge?
   - Lassen sich aus Einzelaspekten Gruppen bilden, vielleicht mit gemeinsamem Oberbegriff?
   - Lässt sich ein Aspekt in weitere Unterbegriffe zerlegen?
4. Schritt: Die Begriffe mit grafischen Elementen verbinden.

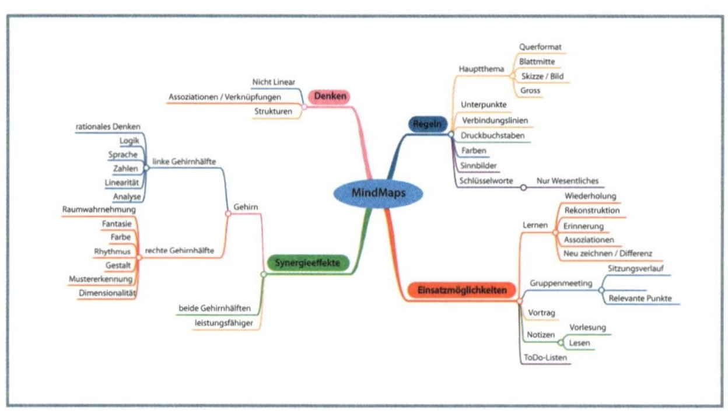

Beispiele für Strukturskizzen:

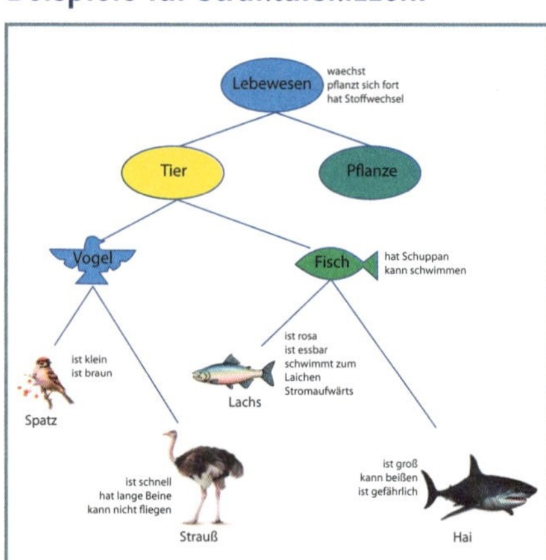

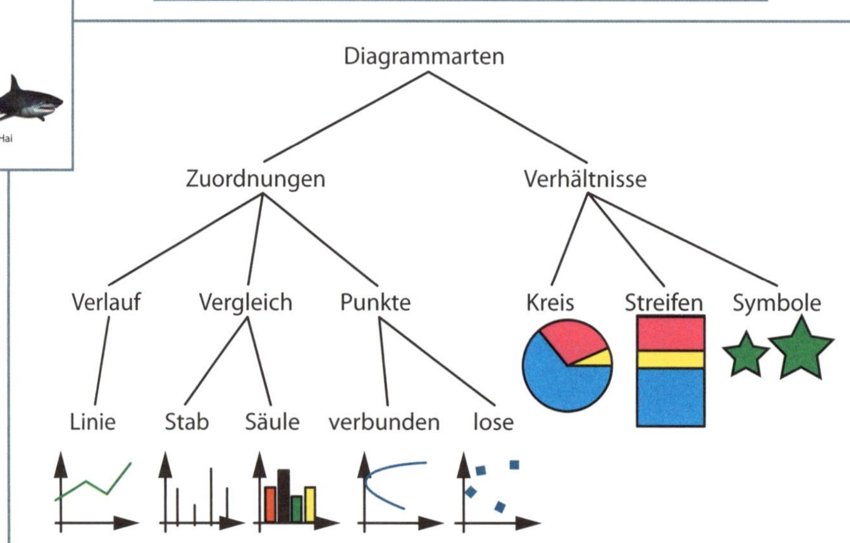

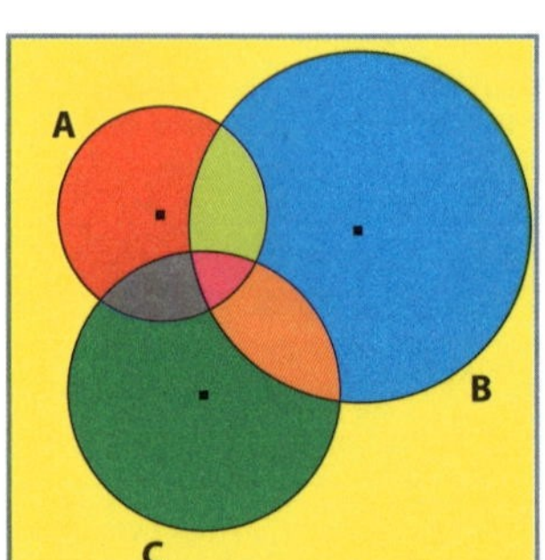

M16 Galeriegang – jeder präsentiert

Ein Galeriegang dient der Präsentation und Reflexion verschiedener Gruppenergebnisse.

Die Lernenden werden in verschiedene Stammgruppen (G 1, G 2, G 3, usw.) eingeteilt. Zusätzlich erhält jedes Gruppenmitglied innerhalb einer Gruppe einen Buchstaben A, B, C, D, usw. zugeordnet.

Wichtig: Jede Stammgruppe der ersten Phase besteht immer aus so vielen Mitgliedern, wie es in der zweiten Phase neue Gruppen geben soll.

Der Galeriegang läuft in drei Phasen ab:

1. Phase: Gruppenarbeitsphase

Die Schülerinnen und Schüler haben eine Aufgabe in ihrer Stammgruppe (G 1, G 2, …) erarbeitet und erstellen gemeinsam ein Plakat zur Präsentation, das am Tisch liegen bleibt oder an einer bestimmten Stelle aufgehängt wird (»Galerie«).

2. Phase: Präsentationsphase

Jetzt geht jeder Lernende in eine neue Gruppe (alle Lernenden mit dem Kennbuchstaben „A" in Gruppe A (GA), alle mit dem Kennbuchstaben „B" in Gruppe B (GB), usw.). In jeder dieser neuen Gruppen ist ein Vertreter der vorherigen Stammgruppen, also ein Fachmann/eine Fachfrau für das Ergebnis dieser ursprünglichen Gruppe.

Jede der neuen Gruppen geht nun von Plakat zu Plakat und immer das Mitglied aus der Gruppe, welches in der jeweiligen Stammgruppe (G 1, G 2, …) war (»Fachmann/Fachfrau«), präsentiert den anderen das Ergebnis seiner Stammgruppe. Nach einer bestimmten Zeit wechselt die ganze Gruppe zum nächsten Plakat. Der Wechsel erfolgt solange, bis jeder Lernende einmal präsentiert hat. Wichtig dabei ist, dass sich jede/r Notizen machen muss!

3. Phase: Verarbeitungsphase

Jeder Lernende geht in seine ursprüngliche Stammgruppe zurück und vergleicht mithilfe der Notizen, die er während des Rundgangs gemacht hat, die Ergebnisse mit denen seiner Gruppenmitglieder. Wenn notwendig, nimmt er in seinen Aufzeichnungen Ergänzungen oder Korrekturen vor.

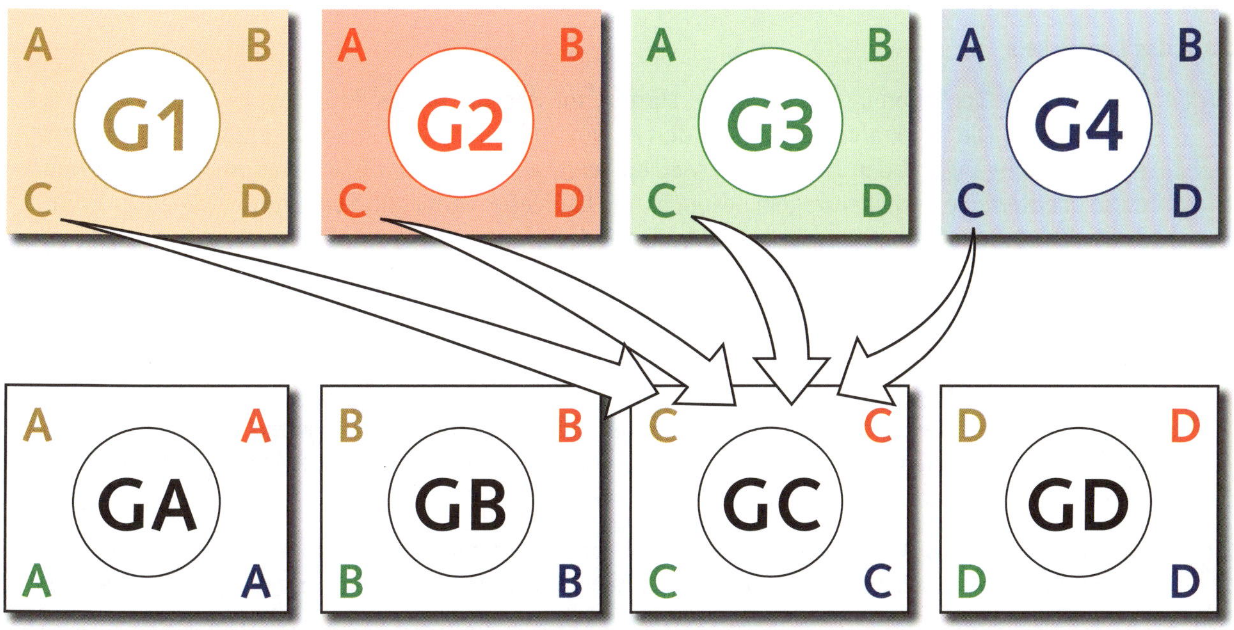

M17 Stationenlernen (Lernzirkel)

Ein Lernzirkel fördert das selbstgesteuerte und eigentätige Lernen anhand vorbereiteter Materialien, die in Lernstationen angeordnet sind. Von der Lehrkraft werden mehrere Lernstationen aufgebaut, an denen didaktisch aufbereitetes Material (Texte, Grafiken, Hörbeiträge, Filme, etc.) zur Verfügung steht, welches ohne die Hilfe der Lehrkraft von den Lernenden in unterschiedlichen Sozialformen (Einzel-, Partner-, Gruppenarbeit) bearbeitet werden soll. Die Lernenden können solange an einer Station bleiben, wie es ihre individuelle Arbeitsweise zur Lösung der Aufgabe erfordert oder ihr Interesse an der besuchten Station besteht.

Vorbereitung des Lernzirkels

- Lerninhalte werden von der Lehrkraft in eigenständige Einheiten (Teilaspekte) gegliedert. Evtl. werden Pflichtstationen und freiwillige Wahl- bzw. vertiefende Einheiten unterschieden.
- Die Einheiten werden Lernstationen zugeordnet, die nicht aufeinander aufbauen; jede Station sollte bearbeitet werden können, ohne zuvor eine andere Station bearbeitet haben zu müssen.
- Jede Lernstation erhält eine Nummer, einen Namen (Titel) und den Hinweis, ob es sich um eine Pflichtstation oder um eine freiwillige Station handelt.
- Für jede Lernstation werden Lernmaterialien aufbereitet und (z. B. auf Tischgruppen, an Pinnwänden, in Regalen) bereitgestellt, mit deren Hilfe sich die Teilnehmer die Inhalte selbstständig erarbeiten können.
- Zu jeder Lernstation werden passend zu den Materialien konkrete Arbeitsaufträge ausgelegt. Diese enthalten idealerweise Vorschläge für die Sozialform, die Vorgehensweise und die Art der Sicherung des Lernergebnisses.
- Sinnvoll kann auch die Bereitstellung von Lösungsbogen oder -stationen zur Selbstkontrolle sein.
- Nötigenfalls erfolgt eine klare Kennzeichnung, welche Materialien mitgenommen werden dürfen und welche an der jeweiligen Station bleiben müssen.
- Jede/r Schüler/in erhält ein Arbeitsblatt als Laufzettel (mit Nummer, Titel und evtl. Hinweisen), auf dem die wesentlichen Erkenntnisse aus den Stationen festzuhalten sind.

Ablauf des Lernzirkels

Schritt 1: Bevor die Schüler/innen in den Lernzirkel starten, müssen sie mit der Arbeitsweise und dem Zirkel vertraut sein. Die Lehrkraft erläutert kurz den Ablauf, indem sie die Namen der Stationen nennt und evtl. den Umgang mit den Materialien/Medien zeigt, auf Wahl- und Pflichtstationen hinweist und diese erläutert, die Verhaltensregeln bespricht, die Laufzettel verteilt und erläutert sowie Lösungsbogen oder Lösungsstationen zur Selbstkontrolle zeigt.

Schritt 2: Die Lernenden wenden sich den Stationen und deren Aufträgen zu. (Dies erfolgt idealerweise in einer frei gewählten Reihenfolge, kann jedoch auch durch Zuordnung durch die Lehrkraft erfolgen, um eine gleichmäßigere Verteilung auf die Stationen zu erreichen.) Nach selbstbestimmter oder vorgegebener Zeit wechseln sie zu einer anderen Station. Anhand ihrer Laufzettel können sie vermerken, welche Stationen sie durchlaufen und welche sie noch vor sich haben. Im einfachsten Falle müssen sie in einer gegebenen Zeit eine bestimmte Zahl von Stationen in beliebiger Reihenfolge bearbeiten. (Wahl- und Pufferstationen ermöglichen eine Differenzierung.)

Schritt 3: Am Schluss steht die Auswertung. Zum einen ist dies ein Ergebnisvergleich oder eine Ergebnispräsentation. Zum anderen sollten Lehrkraft und Schüler/innen die Methode gemeinsam kritisch auswerten.